大学生党课教程

DAXUESHENG DANGKE JIAOCHENG

（第2版）

主　编　周　远　王　欢

副主编　牛宏杰　李新安　张　振

西安交通大学出版社

XI'AN JIAOTONG UNIVERSITY PRESS

图书在版编目（CIP）数据

大学生党课教程 / 周远，王欢主编；牛宏杰，李新安，张振副主编 . -- 2 版 . -- 西安 ：西安交通大学出版社，2023.5

ISBN 978-7-5693-3191-2

Ⅰ . ①大… Ⅱ . ①周… ②王… ③牛… ④李… ⑤张… Ⅲ . ①中国共产党－党课－高等学校－教材 Ⅳ . ① D261.42

中国国家版本馆 CIP 数据核字（2023）第 073952 号

书　　名 大学生党课教程（第 2 版）
主　　编 周　远　王　欢
策划编辑 王斌会
责任编辑 张　娟
责任校对 牛瑞鑫
封面设计 任加盟

出版发行 西安交通大学出版社
（西安市兴庆南路 1 号　邮政编码 710048）
网　　址 http：//www.xjtupress.com
电　　话 （029）82668357　82667874（市场营销中心）
（029）82668315（总编办）
传　　真 （029）82668280
印　　刷 西安明瑞印务有限公司

开　　本 720mm × 1000mm　1/16　**印张** 15.75　**字数** 239 千字
版次印次 2023 年 5 月第 2 版　2023 年 5 月第 1 次印刷
书　　号 ISBN 978-7-5693-3191-2
定　　价 45.00 元

如发现印装质量问题，请与本社市场营销中心联系调换。
订购热线：（029）82665248　（029）82667874
投稿热线：（029）82668525

《大学生党课教程》编委会

主　编：周　远　王　欢

副主编：牛宏杰　李新安　张　振

编　委（以姓氏笔画为序）：

王　琦　叶　明　田　博　张王民　张　丹　陈阳静

李利波　徐　慧　段继超　郭小平　黄丽宁

编写组成员（以姓氏笔画为序）：

马　勇　马　瑞　王　婧　叶　倩　代成军　包　凯　吕　茵

任　欣　刘　丽　孙　丹　苏钰濛　李昱静　杨艳丽　吴愿晶

佀军燕　邱丞麟　陆天舒　孟建芳　胡全龙　南锋霞　姜　飒

商　琛　梁俊凤　韩　阳　彭随缘

前 言

发展党员工作是党的建设的一项经常性重要工作。大学生是社会主义建设者和接班人，做好在大学生中发展党员的工作，把品学兼优、符合党员条件的大学生吸收到党内来，是加强党员队伍建设的一项重要任务。

《中国共产党章程》明确“发展党员，必须把政治标准放在首位，经过党的支部，坚持个别吸收的原则”，“对要求入党的积极分子进行教育和培养，做好经常性的发展党员工作，重视在生产、工作第一线和青年中发展党员”。《中国共产党普通高等学校基层组织工作条例》明确要求“按照坚持标准、保证质量、改善结构、慎重发展的方针和有关规定，把政治标准放在首位，加强对入党积极分子的教育、培养和考察，加强在高层次人才、优秀青年教师和优秀学生中发展党员工作”。《中国共产党发展党员工作细则》规定“党组织应当采取吸收入党积极分子听党课、参加党内有关活动，给他们分配一定的社会工作以及集中培训等方法，对入党积极分子进行马克思列宁主义、毛泽东思想和中国特色社会主义理论体系教育，党的路线、方针、政策和党的基本知识教育，党的历史和优良传统、作风教育以及社会主义核心价值观教育，使他们懂得党的性质、纲领、宗旨、组织原则和纪律，懂得党员的义务和权利，帮助他们端正入党动机，确立为共产主义事业奋斗终身的信念”。

为了进一步做好在大学生中发展党员的工作，做好对大学生入党积极分子的教育培养，西安交通大学大学生党委根据党的十八大以来有关文件精神组织编写了《大学生党课教程》（下称《教程》），并根据党的二十大精神，对《教程》进行了修订。本书以习近平新时代中国特色社会主义思想为指导，以《中国共产党章程》和党内法规制度为依据，以大学生入党积极分子为主要对象，参考了多种相关教材博采众长编写而成。全书共分九章，分别就明确使命积极加入中国共产党，党的性质和根本宗旨，党的指导思想，习近平新时代中国特色社会主义思想是党和国家必须长期坚持的指导思想，党的组织、纪律和作风，党的使命任务，申请入党的条件、要求和程序以及从思想上、行动上争取早日加入党组织等方面进行了深入解读。

《教程》在编写中强调系统性、可读性和针对性，力求更好地适应大学生入党积极分子的学习需要，形成独有特点。

一是夯实系统性。编写中，我们注重以《马克思恩格斯选集》《习近平著作选读》等原著原文为依据，以利于读者更好地学习领悟马克思主义基本原理；同时，通过选编中央机关报刊等刊发的相关文章和资料，增强《教程》的学理性；此外，增加了“知识链接”等版块，帮助读者拓展视野、加深对相关知识的理解。

二是力求可读性。一本好的《教程》不是对资料进行简单搬运和堆砌，而是需要根据读者群体的学习生活背景、群体特征进行编写。《教程》设“中国共产党人精神谱系”“历史学习小故事”“延伸阅读”等栏目，通过理论解读、历史分析和实践研究，以利于大学生加深对中国共产党的理解与认知，坚定理想信念。

三是增强针对性。针对大学生实际，努力用大学生喜闻乐见的形式和简洁平实的语言编写。《教程》坚持紧贴大学生的学习生活和思想特点，把理论与实际联系起来，把大道理与小道理结合起来，用事实说话，用故事说话，力求为大学生提供易于吸收的精神营养。

希望本教程能够为大学生入党积极分子教育培训服务，能够有助于大学生入党积极分子认识党、拥护党、融入党。本教程也可为发展对象学习培训提供参考。

由于水平有限，书中不当、不足之处，恳请读者批评指正。

编者

2023 年 4 月

目 录

第一章 明确历史使命，积极加入中国共产党……………………1

第一节 党和国家历来重视青年成长 ……………………………… 2

第二节 新时代大学生要明确自己的历史使命 …………………… 8

第三节 新时代大学生应积极加入中国共产党 ………………… 16

第二章 中国共产党的性质和根本宗旨………………………… 27

第一节 中国共产党的性质 …………………………………… 28

第二节 全心全意为人民服务是党的根本宗旨 ………………… 40

第三章 中国共产党的指导思想……………………………… 51

第一节 马克思列宁主义是无产阶级及其政党的科学理论 …………… 52

第二节 毛泽东思想是马克思列宁主义在中国的创造性运用和发展 … 58

第三节 邓小平理论是改革开放和社会主义现代化建设的科学指南 … 63

第四节 “三个代表”重要思想反映了当代世界和中国的发展变化对党和国家工作的新要求………………………………………… 67

第五节　科学发展观是中国特色社会主义理论体系的重大创新成果 … 71
第六节　习近平新时代中国特色社会主义思想实现了马克思主义中国化时代化新的飞跃 …… 75

第四章　习近平新时代中国特色社会主义思想是党和国家必须长期坚持的指导思想 …… 81

第一节　习近平新时代中国特色社会主义思想创立的时代背景 …… 82
第二节　习近平新时代中国特色社会主义思想开辟了马克思主义中国化时代化新境界 …… 86
第三节　习近平新时代中国特色社会主义思想的丰富内涵 …… 89
第四节　必须坚持习近平新时代中国特色社会主义思想指导地位不动摇 99

第五章　中国共产党的组织、纪律和作风 …… 103

第一节　中国共产党的组织 …… 104
第二节　中国共产党的纪律 …… 117
第三节　中国共产党的作风 …… 123

第六章　中国共产党的使命任务 …… 129

第一节　中国共产党的最高纲领和基本纲领 …… 130
第二节　中国共产党在社会主义初级阶段的基本路线 …… 133
第三节　以中国式现代化全面推进中华民族伟大复兴 …… 140

第七章　入党的条件和要求 …… 153

第一节　发展党员的总要求和一般原则 …… 154

第二节　申请入党的基本条件 …………………………………………… 160
第三节　党员的基本要求 ………………………………………………… 167
第四节　正确认识党员的义务和权利 …………………………………… 170

第八章　加入党组织的程序……………………………………………179

第一节　个人自愿向党组织提出入党申请 ……………………………… 180
第二节　入党积极分子的确定和培养教育 ……………………………… 182
第三节　发展对象的确定和考察 ………………………………………… 187
第四节　预备党员的接收 ………………………………………………… 191
第五节　预备党员的教育、考察和转正 ………………………………… 196

第九章　从思想上、行动上争取早日加入党组织……………………205

第一节　端正入党动机 …………………………………………………… 206
第二节　自觉接受党组织的培养、教育和考察 ………………………… 213
第三节　积极努力，争取早日成为一名合格的共产党员 ……………… 217

参考文献……………………………………………………………………223

附　录……………………………………………………………………225

后　记……………………………………………………………………239

第一章

明确历史使命，积极加入中国共产党

本章导读

青年是祖国的未来、民族的希望，也是我们党的未来和希望。时代总是把历史责任赋予青年。在实现中华民族伟大复兴的征程中，新时代的中国青年生逢其时、重任在肩。新时代大学生要明确自己的历史使命，积极追求政治进步，争取早日加入中国共产党，坚定不移听党话、跟党走，立志做有理想、敢担当、能吃苦、肯奋斗的新时代好青年，让青春在全面建设社会主义现代化国家的火热实践中绽放绚丽之花。

第一节
党和国家历来重视青年成长

青年是祖国的未来、民族的希望，也是我们党的未来和希望。党和国家始终将青年的培育工作放在与国家、民族命运相连的重要地位，重视青年的成长教育。

1919 年的五四运动是旧民主主义革命和新民主主义革命的分水岭，这场轰轰烈烈的爱国运动让青年学生这个群体登上历史舞台，让很多青年学生载入史册。在新民主主义革命时期，中国共产党重视青年在革命中的先锋作用，引领青年运动的正确方向。当时党的很多重要领导人都参与或领导青年组织和青年运动，将青年教育和革命形势相结合，种下了革命的种子，激发了青年的革命热情。中华人民共和国成立初期，国际形势严峻，国内百废待兴，国内外的局势迫切需要国家站起来，因此培育投身社会主义革命和伟大建设事业接班人的任务迫在眉睫。以毛泽东同志为核心的党的第一代领导集体充分肯定了青年的作用及价值，尊重青年的特点，重视青年的全面发展。毛泽东同志曾指出:“青年是整个社会力量中的一部分最积极最有生气的力量。”[①]“劳苦青年群众占人口百分之三十以上，在斗争中他们又是最勇敢最坚决的。”[②]毛泽东同志深刻理解当时青年的特点，最大化照顾青年的利益，将广大青年紧紧地联系在一起。毛泽东同志还提出：“我们的教育方针，应该使受教育者

① 《毛泽东文集》（第六卷），人民出版社，1999，第 466 页。
② 《毛泽东文集》（第一卷），人民出版社，1993，第 99 页。

在德育、智育、体育几方面都得到发展，成为有社会主义觉悟的有文化的劳动者。”[①]20 世纪 50 年代，在研制“两弹一星”战略决策的号召之下，大批优秀的科技工作者在祖国最需要的时候挺身而出，迎难而上。“两弹一星”元勋邓稼先等青年科学家怀抱无比炽热的赤子之心，以满腔的爱国之情义无反顾回到祖国，投身这一伟大事业，为我国“两弹一星”的成功研制建立了不朽功勋。

“五四”以来，中国青年们起了什么作用呢？起了某种先锋队的作用，这是全国除开顽固分子以外，一切的人都承认的。什么叫作先锋队的作用？就是带头作用，就是站在革命队伍的前头。中国反帝反封建的人民队伍中，有由中国知识青年们和学生青年们组成的一支军队。这支军队是相当的大，死了的不算，在目前就有几百万。这支几百万人的军队，是反帝反封建的一个方面军，而且是一个重要的方面军。

——《毛泽东选集》（第二卷），人民出版社，1991，第 565 页。

1982 年党的十二大提出建设有中国特色的社会主义，改革开放全面推进，无数青年在改革开放的浪潮中奋勇搏击，开阔眼界，增长见识，加快自身发展。以邓小平同志为代表的中国共产党人大力发展科技和培养人才，注重教育方式的改革，将培养“四有”新人寓于国家“三步走”战略中，提出“三个面向”培养目标，为改革开放和社会主义现代化建设奠定坚实的人才基础。邓小平同志作为中国改革开放的总设计师，以其丰富的革命、改革经验思考青年发展，领导青年进步。他高度重视青年的作用，指出：“青年——是我们的未来，我们的一切事业的继承者。”[②]1977 年，“文革”中停止的高考恢复，无数青年学子重新踏入学堂，通过高考改变自身命运。党和国家将青年的培养与国家“三步走”战略结合在一起，在实践中培养考验青年，鼓励多任用青年，多培养青年干部，在当时的中国形成了“尊重知识、尊重人才”的良好社会风气。在推进青年培养工作过程中，邓小平注重调动青年的积极性，注重教

① 中共中央文献研究室编《建国以来重要文献选编》（第十六册），中央文献出版社，1997，第 228 页。

② 《邓小平文选》（第一卷），人民出版社，1994，第 254 页。

育工作体制的改革，他指出："没有党的领导，真正又红又专、特别是有专业知识专业能力的队伍也建立不起来。"[①] 他深刻剖析青年特点，提出了有理想、有道德、有文化、有纪律的"四有"新人培育目标，主张青年的教育要与实际相结合，兼具现代化、世界化、未来化。

1992 年党的十四大强调科学技术是第一生产力，提出经济建设必须依靠科技进步和劳动者素质的提高，强调走自己的路，不把书本当教条，不照搬外国模式，以马克思主义为指导，以实践作为检验真理的唯一标准，解放思想，实事求是，尊重群众的首创精神，建设有中国特色的社会主义。以江泽民同志为代表的中国共产党人重视实践，将青年看作决定科教兴国战略成功的关键因素，决定社会主义现代化建设成功的重要因素，高度重视青年的教育，注重培育社会主义事业的接班人。1998 年 5 月，江泽民同志在庆祝北京大学建校 100 周年大会上的讲话中指出，希望全国各界青年坚持学习科学文化与加强思想修养的统一，坚持学习书本知识与投身社会实践的统一，坚持实现自身价值与服务祖国人民的统一，坚持树立远大理想与进行艰苦奋斗的统一。[②] 江泽民同志还指出：中国社会主义现代化建设的重任，历史地落在青年一代的肩上。[③] 他还提出青年要成为理想远大、热爱祖国，追求真理、勇于创新，德才兼备、全面发展，视野开阔、胸怀宽广，知行统一、脚踏实地的人[④]，进一步为青年的发展指出了方向。

2007 年党的十七大提出深入贯彻落实科学发展观。以胡锦涛同志为代表的中国共产党人，从事关国家和民族前途命运的战略高度重视青年和青年工作。胡锦涛同志对青年和青年工作有着深厚的感情，热忱关心着青年的成长，关心着青年工作的发展。他将时代发展带给青年的机遇、挑战和新要求及其对青年发展的期望相结合，提出了"四个新一代"的青年发展目标：理想远大、信念坚定的新一代，品德高尚、意志顽强的新一代，视野开阔、知识丰富的

① 《邓小平文选》（第二卷），人民出版社，1994，第 266 页。
② 《江泽民文选》（第二卷），人民出版社，2006，第 124 –125 页。
③ 《江泽民文选》（第一卷），人民出版社，2006，第 133 页。
④ 江泽民：《在庆祝清华大学建校九十周年大会上的讲话》，《人民日报》2001 年 4 月 30 日第 1 版。

新一代，开拓进取、艰苦创业的新一代。[①]2011 年 7 月 1 日，在庆祝中国共产党成立 90 周年大会上，胡锦涛同志指出："青年是祖国的未来、民族的希望，也是我们党的未来和希望。全党都要关注青年、关心青年、关爱青年，倾听青年心声，鼓励青年成长，支持青年创业。党对青年寄予厚望，人民对青年寄予厚望。全国广大青年一定要深刻了解近代以来中国人民和中华民族不懈奋斗的光荣历史和伟大历程，永远热爱我们伟大的祖国，永远热爱我们伟大的人民，永远热爱我们伟大的中华民族，坚定理想信念，增长知识本领，锤炼品德意志，矢志奋斗拼搏，在人生的广阔舞台上充分发挥聪明才智、尽情展现人生价值，让青春在为党和人民建功立业中焕发出绚丽光彩。"[②]

进入新时代，以习近平同志为核心的党中央高度重视青年、热情关怀青年、充分信任青年，对青年工作倾注了大量心血。党的十八大以来，习近平总书记立足党和国家事业后继有人、中华民族永续发展的战略高度，始终把党的青年工作放在治国理政的重要位置，深刻阐明了党的青年工作的地位作用、目标任务、职责使命、实践要求，深刻回答了新时代培养什么样的青年、怎样培养青年，建设什么样的共青团、怎样建设共青团等重大课题，形成了习近平总书记关于青年工作的重要思想，为做好新时代党的青年工作提供了根本遵循。2013 年 5 月 4 日，习近平同志在同各界优秀青年代表座谈时的讲话中强调中国共产党始终高度重视青年、关怀青年、信任青年，对青年一代寄予殷切期望。[③]2016 年 4 月 26 日，习近平同志在知识分子、劳动模范、青年代表座谈会上的讲话中指出："要以国家富强、人民幸福为己任，胸怀理想、志存高远，投身中国特色社会主义伟大实践，并为之终生奋斗。""心中有阳光，脚下有力量，为了理想能坚持、不懈怠，才能创造无愧于时代的人生。"[④] 2019

① 《科学发展观大学生读本》编写组编《科学发展观大学生读本》，人民出版社，2008，第 249 页。

② 胡锦涛：《在庆祝中国共产党成立 90 周年大会上的讲话》（2001 年 7 月 1 日），人民出版社，2011，第 29 页。

③ 习近平：《习近平同各界优秀青年代表座谈时的讲话》，《人民日报》2013 年 5 月 5 日第 1 版。

④ 习近平：《在知识分子、劳动模范、青年代表座谈会上的讲话》（2016 年 4 月 26 日），人民出版社，2016，第 11 页。

年在纪念五四运动100周年大会上，习近平同志强调："新时代中国青年要勇做走在时代前列的奋进者、开拓者、奉献者，毫不畏惧面对一切艰难险阻，在劈波斩浪中开拓前进，在披荆斩棘中开天辟地，在攻坚克难中创造业绩，用青春和汗水创造出让世界刮目相看的新奇迹！"[①] 并对广大青年提出了六点要求：新时代中国青年要树立远大理想，热爱伟大祖国，担当时代责任，勇于砥砺奋斗，练就过硬本领，锤炼品德修为。[②]

中国共产党自成立之日起，就始终把青年工作作为党的一项极为重要的工作。一代又一代中国共产党人，大多数都是在青年时代就满怀信仰和豪情加入了党组织，并为党和人民奋斗终身。党的队伍中始终活跃着怀抱崇高理想、充满奋斗精神的青年人，这是我们党历经百年风雨而始终充满生机活力的一个重要原因。中国共产党立志于中华民族千秋伟业，必须始终代表广大青年、赢得广大青年、依靠广大青年，用极大力量做好青年工作，确保党的事业薪火相传，确保中华民族永续发展。

——习近平在纪念五四运动100周年大会上的讲话（2019年4月30日）

2022年4月25日，习近平总书记在中国人民大学考察时强调，广大青年要做社会主义核心价值观的坚定信仰者、积极传播者、模范践行者，向英雄学习、向前辈学习、向榜样学习，争做堪当民族复兴重任的时代新人，在实现中华民族伟大复兴的时代洪流中踔厉奋发、勇毅前进。习近平指出，立足新时代新征程，中国青年的奋斗目标和前行方向归结到一点，就是坚定不移听党话、跟党走，努力成长为堪当民族复兴重任的时代新人。希望广大青年用脚步丈量祖国大地，用眼睛发现中国精神，用耳朵倾听人民呼声，用内心感应时代脉搏，把对祖国血浓于水、与人民同呼吸共命运的情感贯穿学业

① 习近平:《在纪念五四运动100周年大会上的讲话》,《人民日报》2019年5月1日第2版。
② 《习近平谈治国理政》（第三卷），外文出版社，2020，第334–337页。

全过程、融汇在事业追求中。[①]

2022 年 5 月 10 日，习近平总书记在庆祝中国共产主义青年团成立 100 周年大会上强调："青春孕育无限希望，青年创造美好明天。一个民族只有寄望青春、永葆青春，才能兴旺发达。"指出："青年之于党和国家而言，最值得爱护、最值得期待。青年犹如大地上茁壮成长的小树，总有一天会长成参天大树，撑起一片天。青年又如初升的朝阳，不断积聚着能量，总有一刻会把光和热洒满大地。党和国家的希望寄托在青年身上！"[②]

习近平总书记在党的二十大报告中指出："青年强，则国家强。当代中国青年生逢其时，施展才干的舞台无比广阔，实现梦想的前景无比光明。全党要把青年工作作为战略性工作来抓，用党的科学理论武装青年，用党的初心使命感召青年，做青年朋友的知心人、青年工作的热心人、青年群众的引路人。广大青年要坚定不移听党话、跟党走，怀抱梦想又脚踏实地，敢想敢为又善作善成，立志做有理想、敢担当、能吃苦、肯奋斗的新时代好青年，让青春在全面建设社会主义现代化国家的火热实践中绽放绚丽之花。"[③]

综上所述，中国共产党自诞生之日起，始终以史为鉴，将党的历史使命、中国的革命、社会主义道路的探索等与青年的培育和成长紧密联系在一起。在斗转星移、沧海桑田之间，中国一代又一代的青年也始终将民族复兴、国家昌盛、人民幸福作为终身奋斗的目标，矢志不渝为之不懈奋斗。作为新时代青年，要乘新时代春风，在祖国的万里长空放飞青春梦想，以社会主义建设者和接班人的使命担当，为把我国建设成为富强民主文明和谐美丽的社会主义现代化强国而努力奋斗，让中华民族伟大复兴的中国梦在奋斗中实现！

---

① 《习近平在中国人民大学考察时强调：坚持党的领导　传承红色基因　扎根中国大地　走出一条建设中国特色世界一流大学新路》，《人民日报》2022 年 4 月 26 日第 1 版。

② 习近平：《在庆祝中国共产主义青年团成立 100 周年大会上的讲话》，《人民日报》2022 年 5 月 11 日第 2 版。

③ 习近平：《高举中国特色社会主义伟大旗帜　为全面建设社会主义现代化国家而团结奋斗——在中国共产党第二十次全国代表大会上的报告》（2022 年 10 月 16 日），《人民日报》2022 年 10 月 26 日第 1 版。

第二节

新时代大学生要明确自己的历史使命

马克思、恩格斯指出：“作为确定的人、现实的人，你就有规定，就有使命，就有任务，至于你是否意识到这一点，那都是无所谓的。这个任务是由于你的需要及其与现存世界的联系而产生的。”[①] 每个人，不管已经意识到或没有意识到，都有自己的使命。每一个人都在社会中占据一定的位置、扮演一定的角色、发挥一定的作用，因而也就要承担一定的社会责任与任务，这种社会责任与任务就是一个人的使命。所谓历史使命，就是处于一定历史时代的人所担负的重大责任与任务。

中华民族百年来自强不息、奋力前进的光辉历程，既是中国共产党领导全国各族人民团结一心、迎难而上，实现从站起来、富起来到强起来的伟大飞跃的光辉历程，也是一代又一代有志青年挺身而出、拼搏奋斗的绚丽画卷。“青年是标志时代的最灵敏的晴雨表”[②]，大学生的历史使命始终与国家民族的命运相连。在民族危亡的关键时刻，先进的青年知识分子奔走呼号，掀起了一场拯救民族危亡、捍卫民族尊严的伟大革命运动，以磅礴之力鼓舞了中国人民和中华民族实现民族复兴的志向和信心。在社会主义新中国建设时期，一批批青年大学生响应党和国家号召，背起行囊就出发，把爱和事业融进祖国最需要的地方。如荣获“最美奋斗者”称号的西安交通大学“西迁人”爱国奋斗先进群体，他们当年响应国家社会主义建设和国防建设的需要，为改

① 马克思、恩格斯：《德意志意识形态》，载《马克思恩格斯全集》（第三卷），人民出版社，1960，第 329 页。

② 中共中央文献研究室编《十八大以来重要文献选编》（中），中央文献出版社，2016，第 2 页。

变中国高等教育布局不合理的现状，同时也为支持西部社会经济的发展，从繁华的大上海内迁到当时还比较落后的西安。他们在黄土地扎下根来，为西部发展、国家建设奉献智慧和力量。在改革开放时期，青年大学生如饥似渴地学习先进理念和先进技术，在实践中不断改革和创新。他们把握住历史发展大势，抓住历史变革时机，奋发有为，锐意进取，用奋斗书写了最闪亮的青春答卷。

在我们党领导人民进行革命、建设、改革的伟大历史进程中更是青年英雄辈出。中共一大召开时毛泽东是28岁，周恩来参加中国共产党时是23岁，邓小平参加旅欧中国少年共产党时是18岁。杨靖宇牺牲时是35岁，赵一曼牺牲时是31岁，江姐牺牲时是29岁，红三十四师师长陈树湘牺牲时是29岁，邱少云牺牲时是26岁，雷锋牺牲时是22岁，黄继光牺牲时是21岁，刘胡兰牺牲时只有15岁。守岛32年的王继才第一次登上开山岛时是26岁，航天报国的嫦娥团队、神舟团队平均年龄是33岁，北斗团队平均年龄是35岁。这样的青年英杰数不胜数！我们要用欣赏和赞许的眼光看待青年的创新创造，积极支持他们在人生中出彩，为青年取得的成就和成绩点赞、喝彩，让青春成为中华民族生气勃发、高歌猛进的持久风景，让青年英雄成为驱动中华民族加速迈向伟大复兴的蓬勃力量！

——习近平在纪念五四运动100周年大会上的讲话（2019年4月30日）

进入新时代，在新的征程中，党的二十大报告提出全面建成社会主义现代化强国总的战略安排是分两步走：从二〇二〇年到二〇三五年基本实现社会主义现代化；从二〇三五年到本世纪中叶把我国建设成富强民主文明和谐美丽的社会主义现代化强国。[①] 全面建设社会主义现代化国家，是一项伟大而

① 习近平：《高举中国特色社会主义伟大旗帜　为全面建设社会主义现代化国家而团结奋斗——在中国共产党第二十次全国代表大会上的报告》（2022年10月16日），《人民日报》2022年10月26日第1版。

艰巨的事业，前途光明，任重道远。当代大学生生逢其时，在社会主义现代化国家建设的新时代新征程中将步入展现才华的黄金时期，施展才干的舞台无比广阔，实现梦想的前景无比光明。实现国家富强、民族振兴、人民幸福的中国梦是时代赋予当代青年的历史使命，当代大学生要正确认识世界和中国发展大势，正确认识中国特色和国际比较，正确认识时代责任和历史使命，正确认识远大抱负和脚踏实地，自觉把个人的理想追求融入国家和民族的事业中。要不负使命担当，坚定不移听党话、跟党走，真正成长为新时代中国特色社会主义事业的合格建设者和可靠接班人，怀抱梦想又脚踏实地，敢想敢为又善作善成，确保我国在激烈的国际竞争中立于不败之地，确保实现把我国建成富强民主文明和谐美丽的社会主义现代化强国的宏伟目标，在团结奋斗中实现中华民族伟大复兴。

> 青年是整个社会力量中最积极、最有生气的力量，国家的希望在青年，民族的未来在青年。今天，新时代中国青年处在中华民族发展的最好时期，既面临着难得的建功立业的人生际遇，也面临着“天将降大任于斯人”的时代使命。新时代中国青年要继续发扬五四精神，以实现中华民族伟大复兴为己任，不辜负党的期望、人民期待、民族重托，不辜负我们这个伟大时代。
>
> ——习近平在纪念五四运动100周年大会上的讲话（2019年4月30日）

过去的路，先贤们已经为我们踏出，未来的路需要我们接续奋斗。当代大学生要担负起历史使命，必须具备相应的素质，其中，思想政治素质是最重要的素质。从思想政治素质的角度来讲，当代大学生应该满足知、情、意、信、行五个方面的基本要求。

知，即思想政治认知。当代大学生是社会主义建设者和接班人，肩负着实现中华民族伟大复兴的时代大任，必须深刻理解中华民族伟大复兴的中国梦凝聚着几代中国人的夙愿，中国梦的本质是国家富强、民族振兴、人民幸福，实现中华民族伟大复兴的中国梦是当代大学生必须承担的历史使命。为此，大学生必须要清醒地认识个人与国家的关系，认识自身肩负的历史使命和时代重任，树立共产主义远大理想和中国特色社会主义共同理想，同时牢固树立马克思主义信仰和共产主义理想，正确处理好个人理想与社会理想的关系，清楚地认识中国梦是体现中华民族根本利益的梦，将个人理想融入强国建设、民族复兴之中，为实现中华民族伟大复兴的中国梦注入青春能量。

知识链接

爱国主义是中华民族的民族心、民族魂，是中华民族最重要的精神财富，是中国人民和中华民族维护民族独立和民族尊严的强大精神动力。爱国主义精神深深植根于中华儿女心中，激励着一代又一代中华儿女为祖国发展繁荣而自强不息、不懈奋斗。中国共产党是爱国主义精神最坚定的弘扬者和实践者，一百多年来，中国共产党团结带领全国各族人民进行的革命、建设、改革实践是爱国主义的伟大实践，写下了中华民族爱国主义精神的辉煌篇章。

情，即思想政治情感。伟大的梦想之花需要情感的浇筑，思想政治情感体现于爱党之心、爱国之情、爱民之魂。要筑牢爱党之心。当代大学生要明确中国共产党成为执政党的必然性以及坚持中国共产党领导的必要性，不断增强对中国共产党执政的信心。要厚植爱国之情。国家是我们共同的情感归属，是全国人民最大的情感共识。当代大学生要弘扬爱国主义精神，不断增强对伟大祖国、中华民族、中华文化、中国共产党、中国特色社会主义的认同，坚决维护国家主权、安全和发展利益，旗帜鲜明地反对分裂国家的阴谋、破坏民族团结的言行。要铭记爱民之魂。当代大学生要有群众意识，要有人民情怀，齐心协力建设中华民族共同家园。

意，即思想政治意志。逢山开路、遇河架桥、攻坚克难，实现伟大梦想需要坚强的意志作支撑。今天，我们比历史上任何时期都更接近、更有信心和能力实现中华民族伟大复兴的目标，但这并不意味着成功已经唾手可得。作为当代大学生必须胸怀逢山开路、遇河架桥的精神，不驰于空想，不骛于虚声，勇于闯关，不畏艰难，一步一个脚印奋力攀登，以乐观自信的坚强意志扛起时代重任，奋力建设富强民主文明和谐美丽的社会主义现代化强国。

信，即思想政治信念。实现中华民族复兴的伟大梦想，需要坚定的信念作支柱。没有理想信念，就会导致精神上“缺钙”，有信念、有梦想、有奋斗、有奉献的人生，才是有意义的人生。要牢固树立马克思主义信仰，历史和实践证明，马克思主义与共产主义信仰、中国特色社会主义共同理想是中国凝聚力之所在。要对社会主义有坚定信心，实践已经充分证明，只有社会主义才能救中国，只有社会主义才能发展中国。当代大学生要深刻领悟“两个确立”的决定性意义，增强“四个意识”、坚定“四个自信”、做到“两个维护”，成为共产主义远大理想和中国特色社会主义共同理想的坚定信仰者和忠诚实践者，让信仰之光始终照耀在为中华民族伟大复兴不懈奋斗的征程上。

当代中国青年是与新时代同向同行、共同前进的一代，生逢盛世，肩负重任。广大青年要爱国爱民，从党史学习中激发信仰、获得启发、汲取力量，不断坚定“四个自信”，不断增强做中国人的志气、骨气、底气，树立为祖国为人民永久奋斗、赤诚奉献的坚定理想。要锤炼品德，自觉树立和践行社会主义核心价值观，自觉用中华优秀传统文化、革命文化、社会主义先进文化培根铸魂、启智润心，加强道德修养，明辨是非曲直，增强自我定力，矢志追求更有高度、更有境界、更有品位的人生。要勇于创新，深刻理解把握时代潮流和国家需要，敢为人先、敢于突破，以聪明才智贡献国家，以开拓进取服务社会。要实学实干，脚踏实地、埋头苦干，孜孜不倦、如饥似渴，在攀登知识高峰中追求卓越，在肩负时代重任时行胜于言，在真刀真枪的实干中成就一番事业。

——习近平：《论党的青年工作》，中央文献出版社，2022，第236页。

行，即思想政治行为。梦在前方，路在脚下。实现中华民族伟大复兴的中国梦，光有理想信念是不够的，关键要靠真抓实干，还要靠奋力苦干。要实干。空谈误国，实干兴邦。中华民族具有质朴、勤劳、注重实践的品性。要实现中国梦，必须拿出“撸起袖子加油干”的精气神，一步一个脚印地迈向实现中国梦的康庄大道。要苦干。行百里者半九十，中华民族伟大复兴，绝不是轻轻松松、敲锣打鼓就能实现的。当代大学生必须要保持奋斗姿态，不懈为中华民族伟大复兴付出更为艰巨、更为艰苦的努力。

青春是盛开的繁花，是点燃梦想的希望。当代青年学生要紧跟时代步伐，勇担时代使命，扛起时代责任，为实现中华民族伟大复兴的中国梦不懈奋斗。

历史学习小故事

新中国第一根国旗旗杆的故事

1949 年 9 月 9 日至 14 日，北平市（今北京市）各界代表会议召开，会议作出了迎接开国庆典、整修天安门广场的决议。市人民政府要求建设局拿出一个整修天安门广场的计划，这项任务由时任建设局副局长的赵鹏飞负责。整修广场的项目之一，就是在广场北端增设国旗旗杆，这不仅是整修工程的重点任务，更是一项极为重要的政治任务。

赵鹏飞深感肩上责任重大，不敢有丝毫怠慢。经过周密的计划，项目组将旗杆底座汉白玉栏杆的设计交由局里的建筑师钟汉雄负责，将旗杆的设计交由局里的技术专家林治远负责。

林治远接到旗杆的设计任务后，心情无比激动，为了不辜负组织的信任，林治远马上全身心地投入工作之中。按照要求，旗杆要位于北京市的中轴线上，高度要与天安门城楼的高度完全一致，林治远经过实地测量，知道了天安门城楼的高度为 35 米，那么，旗杆的高度就应该是 35 米。在刚刚解放的北京，百废待兴，物资贫乏，要找出适合做这么高的旗杆的材料并非易事。于是，林治远到处奔波打听，最后在市自来水公司找到了材料——自来水管，他选用了 4 根可以使用的自来水管，套起来焊接。

但是，焊完之后一测量，发现长度只有22.5米，还是没有达到35米的要求。林治远苦思无策，只好将这个结果报告给了天安门国庆工程指挥部。指挥部听取汇报后，经过讨论，最终将国旗旗杆的高度确定为22.5米。

后来，上级部门又要求，升旗要自动化，因为，想请毛主席在天安门城楼上亲自升国旗，这样更有意义。

设计自动升旗方案又是一项艰巨的任务。林治远接到任务后，带领技术人员一起开始研究。他们设计出了这样的方案：毛主席在天安门城楼按下控制按钮，国旗自动升起，升旗所用时间与国歌演奏所用时间一致，国歌奏完之时，国旗升到顶端并自动停止。根据这个方案，技术人员设计出了一个简单的机械设施来控制升旗速度，还在升旗用的钢丝绳两端各焊了一个钢球来控制升旗开关，只要钢球碰到旗杆顶端的滑轮，升旗便会自动停止。为了能让毛主席在天安门城楼上升起国旗，技术人员从旗杆下引出一条导线，穿越长安街下方，跨越金水河，然后顺着天安门城楼东南角延伸至城楼上，最终与安装在天安门城楼上的控制按钮连接到一起。

为防止出现差错，林治远带领工作人员一丝不苟、反反复复地检查、试验升旗的各个环节，当确定设施运行正常时，才于9月下旬拆除了旗杆周围的脚手架。至此，中华人民共和国第一根国旗旗杆终于高高地竖立在天安门广场。

9月30日夜里，为了确保第二天的升旗仪式万无一失，技术人员又以一块红布代替国旗做了最后一次试验，问题出现了，当国旗升到顶部后马达却停不下来，红布被缠到了顶端的滑轮里。这样的情况令他们揪心不已，在这最后的关键时刻竟然出现这样大的故障！他们焦急万分，却毫无办法，旗杆周围的脚手架已经被全部拆除，人根本就上不去。

赵鹏飞闻讯后马上赶到现场，再搭脚手架肯定来不及了，于是向消防队请求火速增援，消防队运来了云梯，但是升起之后离旗杆顶还差好几米，大家急得团团转。最终，请了搭彩棚的工人爬到旗杆顶，才把红布给取了下来。故障排除后，技术人员又从头到尾，对每一个部位、环节进行了详尽的检查，一直忙到了10月1日凌晨。为了防止意外，专门安排了一名技术人员守在旗杆下面，万一国庆大典上国旗升起后没有自动停止，便立即靠人工切断电源。

功夫不负有心人，开国大典上，五星红旗冉冉升起，没有出现任何故障，林治远和工作人员终于把悬着的心放了下来。

（摘编自张珊珍主编《党史必修课》，人民日报出版社，2017，第 164–165 页）

第三节

新时代大学生应积极加入中国共产党

在中国革命、建设、改革的伟大进程中，一代代的青年在中国共产党领导下，始终站在时代前列，自觉奔赴党和人民最需要的地方，用青春和热血书写了彪炳史册的壮丽篇章。当代大学生作为中国青年的优秀群体，是推动历史发展和进步的重要力量，承载着祖国的未来、民族的希望。实现中华民族伟大复兴，更需要当代大学生以国家富强、民族振兴、人民幸福为己任，积极加入中国共产党，胸怀理想，志存高远，投身中国特色社会主义伟大实践，并为实现共产主义远大理想奋斗终身。

一、党的事业的发展需要青年

习近平在纪念五四运动100周年大会上的讲话中强调："中国青年是有远大理想抱负的青年！中国青年是有深厚家国情怀的青年！中国青年是有伟大创造力的青年！无论过去、现在还是未来，中国青年始终是实现中华民族伟大复兴的先锋力量！"①

20世纪初，由于帝国主义的侵略欺凌和封建专制政府的腐败无能，中华民族灾难深重。成千上万的热血青年为救亡图存、振兴中华而奔走呼号，积极探索救国救民的真理和道路。1919年5月4日，北京的一些青年学生掀起了轰轰烈烈的五四爱国运动，标志着中国新民主主义革命的开始，也标志着

① 习近平：《在纪念五四运动100周年大会上的讲话》，《人民日报》2019年5月1日第2版。

中国青年成为中国人民反帝反封建斗争的先锋。五四运动之后，在马克思列宁主义同中国工人运动的结合中，中国共产党诞生了。中共一大召开时 13 名代表平均年龄只有 28 岁，最年轻的仅仅 19 岁，他们中许多人都成为之后中国革命的中坚力量。1922 年，中国共产主义青年团的前身中国社会主义青年团成立。从此，团组织团结和带领一代又一代青年，沿着党指引的正确方向，开始了波澜壮阔的奋斗征程。

知识链接

1920 年 8 月，陈独秀指派上海共产主义小组内最年轻的成员俞秀松组建社会主义青年团。8 月 22 日，上海社会主义青年团由俞秀松、施存统等 8 人正式发起建立。1922 年 5 月 5 日，中国社会主义青年团第一次全国代表大会在广州市东园开幕。中共领导人陈独秀、青年共产国际代表达林在开幕式上发表了演说。大会举行了 8 次会议，于 5 月 10 日闭幕，完成了青年团的创建工作，通过了团的纲领和章程，并且一致决议中国社会主义青年团加入青年共产国际。至此，中国的青年团组织实现了思想上、组织上的完全统一，中国青年运动从此有了自己的核心。

新民主主义革命时期，满怀革命理想的青年在党领导的争取民族独立和人民解放的伟大斗争中冲锋陷阵、抛洒热血，为中国革命胜利建立了重要功勋。抗战时期，满怀一腔爱国之情的热血青年从五湖四海结伴而来，一路北上，奔赴心中的革命圣地——延安。大量青年和知识分子奔向延安，为抗日战场输送了中坚力量。

中华人民共和国成立后，广大青年响应党的号召，提出把青春献给祖国的响亮口号，在社会主义革命和建设的伟大实践中，艰苦创业，无私奉献，为祖国建设建立了重要功勋。1953 年有计划的经济建设开始后，全国高等学校继续进行院系调整工作。为了改变高等学校过于集中于沿海大城市的状况，1955 年经国务院批准，将沿海地区一些高等学校的专业、系迁至内地组建新校，将少数学校全部或部分迁至内地建校。交通大学师生响应党和国家号召，满怀壮志豪情，搭乘专列由上海徐家汇出发，齐聚古城西安，在大西北的黄土地上深深地扎下根来，为西部发展、国家建设奉献智慧和力量。“党让我们去哪里，我们就背上行囊去哪里”“向科学进军，建设大西北”“哪里有事业，哪里有爱，哪里就是家”“到祖国最需要的地方干事创业”，这些激情洋溢的话语是青年学子家国情怀最真实的写照。

改革开放和社会主义现代化建设新时期，广大青年积极适应党和国家工作中心战略转移，解放思想，锐意进取，发出团结起来、振兴中华的时代强音，在现代化建设各条战线上勇立潮头、团结奋斗、勤勉工作、开拓进取，为改革开放和社会主义现代化建设贡献了青春，建立了重要功勋。1982 年 8 月，21 岁的秦文贵从华东石油学院钻井工程专业毕业后，怀着“头戴铝盔走天涯，昆仑山下送晚霞”的豪情，毅然决然走向了戈壁瀚海——柴达木盆地。这里被称作“聚宝盆”，也是被描述为“抬头不见鸟，低头不见草，风吹石头跑，氧气吃不饱”的大漠荒原。在恶劣的环境中，秦文贵以所学知识和一腔热血，战胜了一个个常人难以想象的困难，坚持在钻井生产一线苦干实干二十年，攻克了一系列技术难关，推广应用了十多项新技术、新工艺。1992 年，秦文贵在加拿大卡尔加里大学学习期间，谢绝了国外公司的高薪聘请，婉拒国内南方一些石油公司的邀请，毅然决然地回到了柴达木。秦文贵以强烈的事业心和责任感默默耕耘，为油田建设作出了突出贡献。二十年来，秦文贵在不平凡的人生经历中实践着自己“在为社会创造价值的奋斗中实现自身价值”和“越是艰苦，越要奋斗，越要奉献”的人生追求，走出了一条广大青年知识分子在苦干、实干中锻炼成长的奋斗之路，集中体现了他们的优秀品质。2009 年秦文贵当选“100 位新中国成立以来感动中国人物”，2019 年获得“最美奋斗者”称号。

中国特色社会主义新时代，广大青年积极投身伟大斗争、伟大工程、伟大事业、伟大梦想波澜壮阔的实践，在脱贫攻坚战场摸爬滚打，在科技攻关岗位奋力攀登，在抢险救灾前线冲锋陷阵，在奥运竞技赛场奋勇争先，在保卫祖国哨位威武守护，在党和人民最需要的时刻冲得出来、顶得上去，展现出自信自强、刚健有为的精神风貌。“清澈的爱，只为中国”，成为当代中国青年发自内心的最强音。中国特色社会主义进入新时代十年来，党和国家事业取得历史性成就、发生历史性变革，广大青年在实现新时代伟大变革的历史进程中贡献了青春的智慧和力量，中国青年运动在推进具有许多新的历史特点的伟大斗争中书写了恢宏壮阔的时代篇章！

时代不同，青年的选择却如此相似。新时代的青年是无比幸运的一代，又是责任重大的一代，祖国的发展为青年成长进步创造了最好的机遇，祖国建设的艰巨任务为青年大展身手提供了最广阔的舞台。

党的百年奋斗历程告诉我们，中国青年和中国青年运动，从来都是在担当时代使命中彰显青春的使命，在推动时代进步中实现自身的进步。事实证明，新时代的中国青年是值得信赖、堪当大任的一代新人，党中央对中国青年充分肯定、寄予厚望！

党的二十大擘画了全面建设社会主义现代化国家的宏伟蓝图。从现在起，全面建成社会主义现代化强国、实现第二个百年奋斗目标，以中国式现代化全面推进中华民族伟大复兴，是党的中心任务，也是新时代中国青年运动和青年工作的鲜明主题。广大青年要牢记习近平总书记的谆谆教导，立志做有理想、敢担当、能吃苦、肯奋斗的新时代好青年，为强国建设、民族复兴挺膺担当，继续创造无愧于时代、无愧于人民、无愧于历史的新的青春业绩！

二、青年的成长离不开党的领导和培养

确立什么样的人生目标，选择什么样的人生追求，对于大学生来说，是最需要思考的话题。人生目标、人生追求的确立和选择都是以一定的社会历史为背景的。17 岁的马克思，在书写中学毕业论文《青年在选择职业时的考虑》时，已经为他选择最能为人类谋福利的职业埋下了火种。周恩来在中学读书的时候就立下了“为中华之崛起而读书”的人生目标。2015 年，习近平在一次演讲中说道：“年轻的我，在当年陕北贫瘠的黄土地上，不断思考着‘生存还是毁灭’的问题，最后我立下为祖国、为人民奉献自己的信念。”①

中国特色社会主义进入了新时代，这是我国发展新的历史方位。这个新

① 习近平：《共倡开放包容　共促和平发展——在伦敦金融城市长晚宴上的演讲》（2015 年 10 月 21 日），人民出版社，2015，第 11 页。

时代赋予当代大学生广阔的舞台。“国家杰出贡献科学家”“‘两弹一星’功勋奖章”获得者钱学森曾说过，如果工作的目的是党的事业、人民的利益，那就会产生一种强烈的靠近党的欲望，进而自己也就会提出做一名共产党员的要求。投身建设中国特色社会主义的伟大事业，为实现中华民族伟大复兴作出贡献，是当代大学生人生追求的主旋律，而渴望成为一名光荣的共产党员，为人类最崇高的共产主义事业奋斗终身，则是这首主旋律中的最强音。

青年知识分子个人价值的实现在于党的正确领导。青年知识分子个人价值的实现首先在于国家的安定与强大，而国家的安定与强大又在于执政党的正确领导。自中国共产党成立以来，中华民族在中国共产党的坚强领导下，从新民主主义革命到社会主义革命和建设的历史性转变，从高度集中的计划经济体制到充满活力的社会主义市场经济体制，从封闭半封闭到全方位开放，综合国力大幅跃升，人民生活明显改善，国际地位显著提高，巍然屹立于世界民族之林。当前，全国各族人民在中国共产党的坚强领导下，高举中国特色社会主义伟大旗帜，开启了全面建设社会主义现代化国家、向第二个百年奋斗目标进军的新征程。党政军民学，东西南北中，党是领导一切的。历史已经证明并将继续证明，只有在中国共产党的领导下，才能实现中华民族的伟大复兴。

李大钊说过：“青年者，国家之魂。”过去、现在、将来青年工作都是党的工作中一项战略性工作。各级党委（党组）要倾注极大热忱研究青年成长规律和时代特点，拿出极大精力抓青年工作，做青年朋友的知心人、青年工作的热心人、青年群众的引路人。各级党组织要落实党建带团建制度机制，经常研究解决共青团工作中的重大问题，热情关心、严格要求团干部，支持共青团按照群团工作特点和规律创造性地开展工作。

——习近平在庆祝中国共产主义青年团成立100周年大会上的讲话（2022年5月10日）

办好中国的事情，关键在党。中华民族近代以来180多年的历史、中国共产党成立以来100多年的历史、中华人民共和国成立以来70多年的历史都充分证明，没有中国共产党，就没有新中国，就没有中华民族的伟大复兴。历史和人民选择了中国共产党。中国共产党的领导是中国特色社会主义最本质的特征，是中国特色社会主义制度的最大优势，是党和国家的根本所在、命脉所在，是全国各族人民的利益所系、命运所系。习近平总书记在庆祝中国共产党成立100周年大会上的讲话中指出："未来属于青年，希望寄予青年。100年前，一群新青年高举马克思主义思想火炬，在风雨如晦的中国苦苦探寻民族复兴的前途。100年来，在中国共产党的旗帜下，一代代中国青年把青春奋斗融入党和人民事业，成为实现中华民族伟大复兴的先锋力量。新时代的中国青年要以实现中华民族伟大复兴为己任，增强做中国人的志气、骨气、底气，不负时代，不负韶华，不负党和人民的殷切期望！"①当代青年的命运与党的命运是紧密相连的。历史和现实都证明，中国共产党是始终保持青春特质的党，是永远值得青年人信赖和追随的党。中国共产党始终向青年敞开大门，热情欢迎青年源源不断成为党的新鲜血液。当代大学生热爱祖国，首先要热爱带领祖国阔步前进的中国共产党，并争取成为这个组织的一员。选择加入中国共产党，既是选择了光荣，也是选择了责任，选择了崇高的历史使命。一滴春雨，只有浸透到大地中才能在一片新绿里实现自己的价值，当代大学生只有把自己的人生投入党为祖国和人民的服务中，才能使自己的人生更充实、更亮丽、更有价值。

中国共产党人精神谱系之延安精神

坚定正确的政治方向，解放思想、实事求是的思想路线，全心全意为人民服务的根本宗旨和自力更生、艰苦奋斗的创业精神

---

① 习近平：《在庆祝中国共产党成立100周年大会上的讲话》，《人民日报》2021年7月2日第2版。

延伸阅读

数万热血青年踏上理想之路　北上延安感受革命精神

抗日军政大学（抗大）、陕北公学（陕公）、鲁迅艺术学院（鲁艺）……一张张泛黄的招生简章，将历史的篇章翻回到70多年前，在西安市七贤庄八路军办事处七号院，当年满怀一腔爱国之情的热血青年一路北上，奔赴心中的革命圣地——延安。

千沟万壑、河川纵横，多为徒步，道路固然艰辛，但大批青年依旧义无反顾，从五湖四海结伴而来，踏上这条心中的理想之路。

联合招生委员会为延安输送“新鲜血液”

78年后的2015年8月3日早晨，依旧在八路军西安办事处（以下简称“八办”）的七号院里，《延安颂》的曲调还萦绕在小院上空，但当年门庭若市的盛况已不复存在，只有那些仍依原样陈设的办公家具和招生简章、报名表、登记表……无声提醒着来人，这里曾是延安多所大学的联合招生委员会所在地。

卢沟桥事变爆发后，全国抗日民族统一战线形成，各大战区都需要大量爱国志士。1938年4月，延安的陕北公学、抗日军政大学、鲁迅艺术学院以及在泾阳的安吴青训班等学校在“八办”一起成立联合招生委员会，开始了以“广招天下士，诚纳四海人”为宗旨的招收青年的工作。其中，培养军事干部的抗大和为抗日民族统一战线培养干部的陕北公学是青年们最向往的学校。

据“八办”纪念馆副研究员李一红介绍，当时招生委员会的工作人员回忆录中曾有“爱国青年们从早缠到晚”的描述，这是因为当时成千上万的进步青年从全国各地克服重重困难赶到“八办”，希望能由此去延安。为了便于接待，办事处在经费十分拮据的情况下，在毗邻革命公园等处租赁房屋开设招待所，帮助部分青年解决住宿与吃饭问题。

但并非所有到“八办”报名的人都能被送至延安，他们首先要经过资格审核。李一红介绍那时青年们奔赴延安的途径主要有两条，一是通过党组织或者个人介绍，二是参加延安各学校的招生考试。对于有介绍信的青年学生，

“八办”会安排其进入抗大、陕公或鲁艺学习。自己投考的青年学生，一般先送至安吴青训班，边学习边审查。

在这些介绍信中，有一个有趣的现象：被推荐人都会在信中被分别标上“兄”“弟”“军”等字样。李一红说这是开具介绍信时为了保护被推荐人的身份而用的暗语。“兄”代表党员，“弟”代表团员，“军”则代表无党派爱国人士。

奔赴延安的路上到处回荡着抗日歌声

八路军开赴抗日前线后，连续取得多个战役的重大胜利，极大地鼓舞了全国民众抗日救国的信心，在 1939 年党中央作出了大量吸收知识分子的决定。

此时奔赴延安的爱国青年，大多是从各地来到西安再转赴延安。留存至今的一些回忆录里，很多人都详细地讲述了各自奔赴延安的艰辛，有不少人还遭到了日军飞机的轰炸和炮火的袭击。

据“八办”的史料记载，四川万县的青年教师熊道柄带着妻子、堂弟、侄儿等 7 人，从老家万县踏上了走向延安之路。他们按照地图上标出的路线，沿着脚夫行走的栈道前进。第一天走了 90 里（合 45 公里），第二天、第三天之后就人困马乏、举步维艰了，但没有一个人打退堂鼓。沿途又经历了土匪抢劫、关卡搜索等种种考验才翻越秦岭来到西安。“八办”批准了他们的请求，发给每人一套八路军军服，佩戴 115 师的臂章，与全国各地来的男女青年 90 多人一起，由一名工作人员带队步行到达延安。

1937 年下半年到 1938 年上半年，全国抗日浪潮风起云涌，抗日民族统一战线合作密切。当时西安到延安不通火车，道路迂回崎岖，只有少数体质较弱的人可以乘坐运送物资的汽车前往延安。大部分人步行一般需要十几天，在千沟万壑、河川纵横的黄土高原上行走，对于大多数过惯城市生活的进步青年来说，确实是一件很艰难的事。但是，那段时间通往延安的道路上，大批青年从五湖四海结伴而来，沿途歌声、笑声不断。

同时期，经“八办”前往延安的队员巴苏华曾在自己的日记中写道：“在去往延安的路上，到处都是嘹亮的抗日歌声，它回荡在群山间。而群山环绕的山间小路，步行前进的一群群青年时隐时现，他们欢快、年轻，用呼声、手势与我们亲切地打着招呼。”

相关资料显示，仅1938年5月至8月间，经“八办”介绍赴延安的爱国青年就达到2288人，据不完全统计，抗战时期从西安“八办”输送至延安的进步青年有2万余人，但实际数字远远超过这个数目。他们中大学文化程度的占10%，中学文化程度的占70%，年龄平均在20岁。大量青年和知识分子奔向延安，为抗日战场输送了中坚力量。

北上延安需要“通关护照”

“八办”纪念馆馆长霍学进说：“在我们掌握的众多史料中都记载着当年进步青年要从西安到延安，沿途通过各关卡时必须出示当局政府发放的‘护照’，遗憾的是实物‘护照’我们一直没有找到。”

但在不久前一次去兄弟单位交流时，霍学进见到了一份由洛川至澄城段的“通关护照”，霍学进说这就是当年那些奔赴延安的进步青年所持“护照”中的一张。

抗日战争全面爆发后，为支援抗日，联合招生委员会根据中共中央指示向延安源源不断地输送“新鲜血液”。在“八办”通过资格审查的进步青年被编成小队，一起进发延安，他们一路上会经过由当局政府设置的数个关卡，而要通过关卡的凭证就是这种“护照”。

“通关护照”上签有关卡路段的名称，据专家推测，当年从西安北上延安的青年每经过一个大关卡，就要换发一次标注不同路段的“护照”，通过一些小关卡时，可能还需盖上当局政府的印章方可通过。

据“八办”纪念馆收藏的当年由西安赴延安的路线图显示，从西安到延安要经过咸阳、三原、铜川、黄陵、洛川、甘泉等地。抗日民族统一战线后期，当局为阻挠更多青年进入延安，“护照”审批变得越来越难，这成了阻挠爱国青年顺利进入延安的一大拦路虎，因此后期被输送到延安的人数也逐渐减少。

据不完全统计，从1939年到1942年期间，仅在赴延安途中被当局截扣的男女青年就有2100多人。董必武从重庆回到陕甘宁边区，就沿途所见写了一首诗，其中两句写道：“垒筑山变色，丁抽路断行。”可见在这种情况下，爱国青年奔赴延安都冒着生命危险。

只要还有一口气，爬也爬到延安城

李一红说在她的调查和走访中，很多当年经“八办”前往延安的进步青年都曾表示，他们对延安的向往和自己思想的转变都是因为受了一本书的影响，年轻人被书中的精神力量所震撼，从而满怀一腔爱国热血，走上革命道路，这本书就是美国记者埃德加·斯诺所写的《西行漫记》。

1936 年，斯诺经过几个月的采访，写出了《西行漫记》一书。1938 年，被译成中文的《西行漫记》在上海出版后立即引起轰动。从这本书中，人们第一次了解了共产党和其所领导的军队，以及延安当时的真实情况，了解了共产党人的信仰、追求和抗日救亡的民族情怀。

当时大多数进步青年受到了新思潮的影响，向往光明、自由、民主的政治力量。他们了解到以延安为中心的陕甘宁边区是一片思想的净土，与国统区、沦陷区形成了鲜明的对比，一个按照共产党的意志创建的未来崭新社会的雏形正在诞生，民主、自由、平等的氛围吸引了大批进步青年。

“打断骨头连着筋，扒了皮肉还有心，只要还有一口气，爬也爬到延安城。”这是 1937 年 10 月上海沦陷后，一批上海爱国青年，为了抗日救亡，辗转 13 个月，艰难跋涉一万多里，历经千辛万苦，终于来到革命圣地延安时的心声。著名诗人何其芳曾这样描述当时的情景：“延安的城门成天开着，成天有从各个地方走来的青年，背着行李，燃烧着希望，走进这城门。学习，歌唱。过着紧张的快活的日子。然后一群一群地，穿着军服，燃烧着热情，走散到各个方向去。”

战争年代，延安犹如一块巨大的磁石，强烈吸引众多热血青年“朝圣”般从四面八方涌向“八办”，再由此为起点向延安前进，最终踏上属于他们的理想之路。

（摘编自张佳、窦翊明：《数万热血青年踏上理想之路　北上延安感受革命精神》，《西安晚报》2015 年 8 月 5 日）

第二章

中国共产党的性质和根本宗旨

本章导读

中国共产党是中国工人阶级的先锋队，同时是中国人民和中华民族的先锋队，是中国特色社会主义事业的领导核心，代表中国先进生产力的发展要求，代表中国先进文化的前进方向，代表中国最广大人民的根本利益。中国共产党的根本宗旨是全心全意为人民服务。

第一节
中国共产党的性质

党章明确规定："中国共产党是中国工人阶级的先锋队，同时是中国人民和中华民族的先锋队，是中国特色社会主义事业的领导核心，代表中国先进生产力的发展要求，代表中国先进文化的前进方向，代表中国最广大人民的根本利益。党的最高理想和最终目标是实现共产主义。"

一、中国共产党是中国工人阶级的先锋队，同时是中国人民和中华民族的先锋队

中国共产党是中国工人阶级的先锋队，同时是中国人民和中华民族的先锋队，是为中国人民谋幸福、为中华民族谋复兴，为坚持和发展中国特色社会主义、为实现共产主义远大理想而不懈奋斗的马克思主义政党。

（一）中国共产党是中国工人阶级的先锋队

中国共产党是中国工人阶级的先锋队，深刻揭示了中国共产党的阶级性和先进性，是对党的本质属性的集中概括。

第一，中国共产党是以工人阶级为阶级基础的。任何政党都有其阶级基础，代表着一定阶级的意志和利益，是这个阶级的组织者和领导者。中国共产党从成立之日起就是中国工人阶级的政党，始终坚持工人阶级先锋队的性质。中国共产党以工人阶级为基础，集中体现了中国工人阶级的特性。在旧中国，我国工人阶级与世界上其他国家的工人阶级一样，没有任何生产资料，与大工业生产相联系，代表着当时的先进生产力，在同资产阶级的斗争中形

成了高度的团结互助精神和严格的组织纪律性，是历史上最先进、最革命和具有远大前途的阶级。同时，中国工人阶级与占中国人口大多数的农民结成亲密联盟，使中国工人阶级领导的中国革命具有广泛的群众基础和社会基础。中国工人阶级的这些特点和优点，决定了它是中国革命的领导力量，是现代中国最进步的阶级。中国共产党正是鲜明地体现了中国工人阶级的阶级性质，坚定不移地代表着它的意志。

知识链接

工人阶级是我国的领导阶级，是我国先进生产力和生产关系的代表，是我们党最坚实最可靠的阶级基础，是全面建成小康社会、坚持和发展中国特色社会主义的主力军。坚持和发展中国特色社会主义，必须全心全意依靠工人阶级、巩固工人阶级的领导阶级地位，充分发挥工人阶级的主力军作用。

第二，中国共产党是由工人阶级的先进分子组成的。党应由工人阶级的先进分子所组成，这是马克思列宁主义建党学说的一个重要原则。中国共产党从一开始就十分重视党员的先进性，集合了一大批工人阶级中具有共产主义觉悟的先进分子，成为中国工人阶级的先锋队。当然，这并不是说其他阶级出身的具备党员条件的人不能入党，也不是说吸收这些人入党就改变了党的工人阶级先锋队的性质。看一个政党是否先进、是不是工人阶级先锋队，主要应看它的理论和纲领是不是马克思主义的，是不是代表社会发展的正确方向，是不是代表最广大人民的根本利益。中国共产党是马克思主义同中国工人运动相结合的产物，始终以马克思主义为指导，并根据我国不同时期的具体实际制定正确的纲领，领导人民取得了一个又一个胜利。

第三，中国共产党是以工人阶级的先进理论武装起来的。中国共产党成立以来，始终坚持把马克思主义基本原理与我国革命、建设、改革的实际紧密结合，不断推进马克思主义中国化、时代化、大众化，开创马克思主义理论的新境界，形成了毛泽东思想、邓小平理论、“三个代表”重要思想、科学发展观、习近平新时代中国特色社会主义思想等重大理论成果。正是因为有了与时俱进的科学理论的武装，党才能始终保持先进性和纯洁性，才能始终走在时代前列，才能领导全国人民不断取得社会主义革命和建设的伟大胜利。

第四，中国共产党是按照先进的组织制度建立起来的。中国共产党不是党员数量的简单相加，而是按照民主集中制组织起来的统一整体。民主集中制是党的根本的组织原则和组织制度，也是党的根本的领导制度和工作制度，它是全党必须遵守的组织纪律。民主集中制是科学的、合理的、有效率的组织制度，是党完成自己历史使命的根本组织保证，是党保障自己工人阶级先锋队性质的不可或缺的条件。

（二）中国共产党是中国人民和中华民族的先锋队

党在增强先进性的同时，必须不断扩大群众基础。中国共产党是中国人民和中华民族的先锋队，这是党总结国际共产主义运动和自身建设历史经验得出的科学结论，把党的奋斗目标、根本宗旨和执政使命融入党的性质，实现了党的阶级性、先进性和人民性的有机统一。

第一，从党所代表的利益来看，中国工人阶级的根本利益同中国人民和中华民族的根本利益是一致的。工人阶级是人类历史上伟大的阶级，它的利益与广大人民群众的利益是一致的，工人阶级只有解放全人类，才能最后解放自己。因此，作为工人阶级先锋队的共产党，不仅要代表本阶级的利益，而且要代表广大人民群众的利益。中国共产党不但代表了工农的利益，同时也代表了民族的利益，总括工农及其他人民的全部利益。中国共产党在领导中国革命、建设和改革的各个历史时期，作为中国人民和中华民族的先锋队，始终把中国工人阶级和广大人民的根本利益统一起来，作为制定党的纲领、路线、方针、政策的立足点，作为党的各项工作的出发点，全心全意为之奋斗不息，使党成为中国人民和中华民族的先锋队。

第二，从党的宗旨来看，这同中国共产党全心全意为人民服务的宗旨是完全一致的。中国共产党执政的实质就是领导、支持和保证人民实现当家作主。中国人民把执政权力赋予中国共产党，这既是对党的信任，同时也是对党寄予了要始终坚持“立党为公、执政为民”的厚望。这就要求党在任何时候，都要自觉地站在中国人民和中华民族的立场上，把人民赋予的权力掌握好、运用好，把人民赋予的权力用来为人民服务，把中国最广大人民的根本利益以及集中体现这种根本利益的国家利益维护好、实现好、发展好。

> 改革开放 40 年的实践启示我们：为中国人民谋幸福，为中华民族谋复兴，是中国共产党人的初心和使命，也是改革开放的初心和使命。我们党来自人民、扎根人民、造福人民，全心全意为人民服务是党的根本宗旨，必须以最广大人民根本利益为我们一切工作的根本出发点和落脚点，坚持把人民拥护不拥护、赞成不赞成、高兴不高兴作为制定政策的依据，顺应民心、尊重民意、关注民情、致力民生，既通过提出并贯彻正确的理论和路线方针政策带领人民前进，又从人民实践创造和发展要求中获得前进动力，让人民共享改革开放成果，激励人民更加自觉地投身改革开放和社会主义现代化建设事业。
>
> ——习近平在庆祝改革开放 40 周年大会上的讲话（2018 年 12 月 18 日）

第三，从党的群众基础来看，中国共产党集合了社会各阶层的先进分子。中国共产党自成立以来，就一直注意阶级基础和群众基础相结合的问题，每一历史时期都根据不同的任务及所要解决的主要矛盾，把党的阶级要求同最广大人民的根本要求结合起来，以动员和组织中国最广大的人民群众去完成历史任务。中国共产党的党员既有来自工人阶级和其他劳动阶级中的先进分子，又有来自其他社会阶层的先进分子。历史表明，中国共产党从来就不仅代表工人阶级和劳动人民的利益，同时也代表整个中华民族的利益。

二、中国共产党是中国特色社会主义事业的领导核心

中国共产党是中国特色社会主义事业的领导核心，这一领导地位的确立，是由中国共产党是中国工人阶级的先锋队，同时是中国人民和中华民族的先锋队的性质决定的，是党在长期的革命和建设中形成的，是历史和人民的选择。在新的历史时期，坚持和改善党的领导，是不断开创中国特色社会主义事业新局面的根本保证。

第一，坚持党的领导是马克思主义政党的基本原则。马克思主义认为，人类社会必然要从阶级社会走向没有阶级、没有剥削和压迫的社会，这是一

个不以人的意志为转移的客观规律。能够领导这种社会变革，完成这一历史使命的只有工人阶级。但工人阶级并不能依靠自身的力量，直接地、自发地完成，而只能通过工人阶级的政党即共产党来实现。只有在共产党的领导下，向工人运动灌输科学社会主义思想，工人运动才能实现由自发性到自觉性的飞跃。中国共产党人坚持并发展了马克思列宁主义关于共产党领导的思想，在不同的历史时期不断加强党的建设和领导。

第二，党的领导地位是历史和人民的必然选择。中国共产党的领导地位是在长期的革命和建设中形成的。1840 年鸦片战争之后，中国人民为了挽救国家和民族的危亡，同帝国主义和封建主义进行了不屈不挠的斗争，但太平天国运动和义和团运动失败了，秉承资产阶级改良主义的戊戌变法也夭折了，孙中山领导的辛亥革命也不彻底。历史表明中国农民阶级是革命的阶级，但不是最先进的阶级，不能担当领导的重任，中国资产阶级自身的软弱性和妥协性决定了它革命的不彻底性，没有能力将革命进行到底。历史的重任落到了中国共产党的身上。历史已经证明，只有中国共产党才能救中国。

第三，党的领导是建设中国特色社会主义事业的根本保证。中国社会主义现代化建设事业是前无古人的崭新事业，没有现成的经验可以借鉴，没有别国的模式可照搬照套，全靠我们在建设和改革中大胆探索、不断总结。只有坚持中国共产党的领导，才能把马列主义普遍原理与中国实际相结合，解决现代化建设中出现的新情况、新问题，制定出符合中国国情的社会主义现代化建设的路线、方针和政策，保证社会主义现代化建设的正确方向；只有坚持中国共产党的领导，才能维护安定团结的政治局面和社会环境；只有在中国共产党领导下，才能动员和团结全国各族人民，克服前进中的种种困难，为建设中国特色社会主义的共同目标而奋斗。历史也已证明，只有中国共产党才能发展中国。

知识链接

习近平新时代中国特色社会主义思想明确了中国特色社会主义事业的总体布局是“五位一体”、战略布局是“四个全面”，强调坚定道路自信、理论自信、制度自信、文化自信。这不仅使我们对推进新时代中国特色社会主义事业发展的任务有了全面而清晰的认识，而且为我们在实践中不断增强实现任务的精神动力提供了理论指导。

“五位一体”总体布局，指中国特色社会主义事业总体布局，包括经济建设、政治建设、文化建设、社会建设、生态文明建设。

“四个全面”战略布局，指中国特色社会主义事业战略布局，包括全面建成小康社会、全面深化改革、全面依法治国、全面从严治党。全面建成小康社会后，“四个全面”战略布局的内涵演化为全面建设社会主义现代化国家、全面深化改革、全面依法治国、全面从严治党。

第四，建设中国特色社会主义事业需要坚持和改善党的领导。要坚持党的领导，必须改善党的领导。经过百年来的发展，中国共产党所处的地位和环境，党所肩负的任务，都发生了重大变化。新党员的数量大幅度增加，干部队伍新老交替不断进行，一大批年轻干部走上领导岗位。这给党的发展带来了新活力，也提出了新挑战。我们要坚持从新的实际出发，以改革的精神推进党的建设。党的十九大报告指出：“新时代党的建设的总要求是：坚持和加强党的全面领导，坚持党要管党、全面从严治党，以加强党的长期执政能力建设、先进性和纯洁性建设为主线，以党的政治建设为统领，以坚定理想信念宗旨为根基，以调动全党积极性、主动性、创造性为着力点，全面推进党的政治建设、思想建设、组织建设、作风建设、纪律建设，把制度建设贯穿其中，深入推进反腐败斗争，不断提高党的建设质量，把党建设成为始终走在时代前列、人民衷心拥护、勇于自我革命、经得起各种风浪考验、朝气蓬勃的马克思主义执政党。”党的二十大报告强调：“我们要落实新时代党的建设总要求，健全全面从严治党体系，全面推进党的自我净化、自我完善、自我革新、自我提高，使我们党坚守初心使命，始终成为中国特色社会主义事业的坚强领导核心。”①

① 习近平：《高举中国特色社会主义伟大旗帜　为全面建设社会主义现代化国家而团结奋斗——在中国共产党第二十次全国代表大会上的报告》（2022 年 10 月 16 日），《人民日报》2022 年 10 月 26 日第 1 版。

三、中国共产党代表中国先进生产力的发展要求，代表中国先进文化的前进方向，代表中国最广大人民的根本利益

中国共产党始终代表中国先进生产力的发展要求、中国先进文化的前进方向、中国最广大人民的根本利益，这是我们党的立党之本、执政之基、力量之源。这一论述是从党所代表的生产力、文化和阶级利益的综合角度，对党的本质作出的科学揭示。

（一）中国共产党代表中国先进生产力的发展要求

在党的七大报告中，毛泽东同志就曾经指出："中国一切政党的政策以及其实践在中国人民中所表现的作用的好坏、大小，归根到底，看它对于中国人民的生产力的发展是否有帮助及其帮助之大小，看它是束缚生产力的，还是解放生产力的。"① 在半殖民地半封建的旧中国，"三座大山"沉重的政治压迫和残酷的经济剥削，使社会生产者即广大的中国人民生活在水深火热之中，极大地压抑着中国人民的生产积极性，严重地阻碍着中国社会生产力的发展。

知识链接

1945 年 4 月 23 日至 6 月 11 日，中国共产党第七次全国代表大会在延安召开。出席七大的代表共 755 名，其中正式代表 547 名，候补代表 208 名，代表全党 121 万名党员，分为中直（包括军直系统）、西北、晋绥、晋察冀、晋冀鲁豫、山东、华中和大后方 8 个代表团。在七大代表中，年龄最大的近 70 岁，最小的才 20 岁左右。

在当时，中国先进生产力的发展要求，就是释放被"三座大山"压抑着的中国人民的生产积极性，中国共产党应运而生。在新民主主义革命时期，中国共产党之所以能不断发展壮大，就在于它所提出的奋斗纲领、制定的路

① 《毛泽东选集》（第三卷），人民出版社，1991，第 1079 页。

线方针政策，适合人民群众翻身做主人、满足自身生存和发展的需要，并领导和组织人民群众逐步实现了这种需要。在社会主义革命和建设时期，共产党领导和组织人民群众成功地进行了生产资料所有制的社会主义改造，消灭了剥削制度，建立了以生产资料公有制为基础的社会主义生产关系，使人民群众成为生产的主人，极大地调动了人民群众的积极性，为解放和发展生产力奠定了基础。在改革开放和社会主义现代化建设新时期，邓小平同志曾反复强调："按照历史唯物主义的观点来讲，正确的政治领导的成果，归根结底要表现在社会生产力的发展上，人民物质文化生活的改善上。"①他还指出："在社会主义国家，一个真正的马克思主义政党在执政以后，一定要致力于发展生产力，并在这个基础上逐步提高人民的生活水平。"②

党的十一届三中全会以来，我们党提出并制定了一系列更好地发挥人民群众积极性、提高科学技术水平、提高生产的社会化水平和生产要素的市场化程度的方针政策，最广大的人民群众的生存和发展的需要不断得到满足，我国的社会生产力得以迅速发展，社会主义现代化建设取得了举世瞩目的成就。

（二）中国共产党代表中国先进文化的前进方向

先进的文化和意识形态是先进的社会生产力的反映和体现，是人类文明积累和发展的结晶，同时又为社会生产力的发展和人类社会的前进提供思想指导、精神动力和智力支持。无产阶级政党之所以成为无产阶级先锋队，不仅因为它代表先进社会生产力的发展要求，而且在于它代表先进文化的前进方向。

中国共产党在长期的奋斗历史中，总是代表着中国先进文化的前进方向。它坚持把马克思主义与中国实际和时代特征相结合，为中国人民的革命、建设和改革指明了正确的方向。它倡导以为人民服务为核心、以集体主义为原则的道德，引导广大人民团结在爱国主义、集体主义和社会主义的旗帜下，使全民族的思想道德素质有了极大提高。它立足中国现实，继承历史文化优

---

① 《邓小平文选》（第二卷），人民出版社，1983，第128页。

② 《邓小平文选》（第三卷），人民出版社，1993，第28页。

秀传统，吸取外国文化有益成果，创造了崭新的社会主义文化。

中国共产党的历史，也是一部重视文化建设的历史。在民主革命时期，党就非常重视文化建设问题。毛泽东在《新民主主义论》中，用了相当大的篇幅论述新民主主义的文化。新民主主义的文化是民族的。它是反对帝国主义压迫，主张中华民族的尊严和独立的。它是我们这个民族的，带有我们民族的特性。这种新民主主义的文化是科学的。它是反对一切封建思想和迷信思想，主张实事求是，主张客观真理，主张理论和实践一致的。这种新民主主义的文化是大众的，因而即是民主的。它应为全民族中百分之九十以上的工农劳苦民众服务，并逐渐成为他们的文化。毛泽东指出："民族的科学的大众的文化，就是人民大众反帝反封建的文化，就是新民主主义的文化，就是中华民族的新文化。"[①] 这就为中国当时的文化建设指明了前进的方向。在整个民主革命时期，党以马克思主义为指导，成为推动中国新文化发展的坚强政党，代表了中国先进文化的前进方向。

中华人民共和国成立以后，党在领导人民进行大规模经济建设的同时，进行了大规模的文化建设，取得了伟大成就。主要包括改造旧文化，荡涤旧社会留下的污泥浊水；普及马列主义、毛泽东思想等科学理论和各种文化知识；提出"二为"方向和"双百"方针；提出向科学进军；创作出一大批文化艺术作品；进行多种文化设施建设等。可以说中华人民共和国成立以后，我国文化建设保持了正确的前进方向。

改革开放以来，我们党解放思想，开拓创新，提出社会主义精神文明建设的指导方针和战略部署，使先进文化建设从"以阶级斗争为纲"转移到为经济社会发展服务的正确轨道上来，极大地促进了中国先进文化的现代化步伐。

党的十八大以来，以习近平同志为核心的党中央，坚持社会主义文化前进方向，坚定文化自信，增强文化自觉，加快文化改革发展，加强社会主义精神文明建设，培育和践行社会主义核心价值观，传承和弘扬中华优秀传统文化，牢牢掌握意识形态工作的领导权、管理权、话语权，讲好中国故事，传播中国声音，增强国家文化软实力，建设社会主义文化强国。这一切充分表明，中国共产党是中国先进文化的伟大建设者，不愧为中国先进文化前进方向的忠实代表。

---

① 《毛泽东选集》（第二卷），人民出版社，1991，第 708-709 页。

能不能反映先进文化的发展趋势、代表先进文化的前进方向，这是一个国家、政党的生命力之所在。中国共产党之所以能够成为先进文化前进方向的代表，这主要是由党的基本性质和根本任务决定的。党是工人阶级的先锋队，它代表着先进的社会生产力，代表着社会发展的趋势与方向，党的性质决定了它不可能信守某种旧文化，而必须冲破各种旧文化的障碍与束缚，为社会发展、进步铺平道路。而党的根本任务是为了解放生产力、发展生产力，这又必然要求它不断调整和冲破一切阻碍和束缚社会生产力发展的生产关系以及相应的政治关系和思想文化关系，建立和建设新型的文化，以促进生产力的发展和社会的全面进步。因此，从总体上来说，党是社会生产力发展要求的代表，是广大人民群众根本利益的代表，也是先进文化前进方向的代表。

全面建设社会主义现代化国家，必须坚持中国特色社会主义文化发展道路，增强文化自信，围绕举旗帜、聚民心、育新人、兴文化、展形象建设社会主义文化强国，发展面向现代化、面向世界、面向未来的，民族的科学的大众的社会主义文化，激发全民族文化创新创造活力，增强实现中华民族伟大复兴的精神力量。

——习近平：《高举中国特色社会主义伟大旗帜，为全面建设社会主义现代化国家而团结奋斗——在中国共产党第二十次全国代表大会上的报告》（2022 年 10 月 16 日）

（三）中国共产党代表中国最广大人民的根本利益

人民立场是中国共产党的根本政治立场，是马克思主义政党区别于其他政党的显著标志。党章明确提出中国共产党代表中国最广大人民的根本利益。以习近平同志为核心的党中央坚持以人民为中心的发展思想，将之作为治国理政的出发点和落脚点，充分体现了为人民谋幸福、为民族谋复兴的初心使命和把人民利益放在最高位置的人民情怀。

“善为国者，爱民如父母之爱子、兄之爱弟，闻其饥寒为之哀，见其劳苦为之悲。”对于共产党人来说，无论权力大小，都是人民给的，也只能受命于人民，为人民谋利益。坚持以人民为中心的发展思想，是习近平新时代中国特色社会主义思想的重要内容。坚持以人民为中心的发展思想，凸显了马克思主义最鲜明的品格，体现了党的理想信念、性质宗旨、初心使命，也是对党的奋斗历程和实践经验的深刻总结。

1944 年 9 月 8 日，毛泽东同志在张思德同志追悼会上指出："我们这个队伍完全是为着解放人民的，是彻底地为人民的利益工作的。"[①] 为人民服务既是党的使命任务，也是共产党人的本色。我们的一切工作干部，不论职位高低，都是人民的勤务员，我们所做的一切，都是为人民服务。

增进人民福祉、促进人的全面发展是中国共产党立党为公、执政为民的本质要求。共产党应深刻地注意群众生活的问题，从土地、劳动问题，到柴米油盐问题。习近平曾说："对老百姓来说，他们身边每一件琐碎的小事，都是实实在在的大事，有的甚至还是急事、难事。如果这些'小事'得不到及时有效的解决，就会牵动他们的思想情绪，影响他们的生产生活。"[②]

中国共产党把为民办事、为民造福作为最重要的政绩，把为老百姓做了多少好事实事作为检验政绩的重要标准。党的一切工作都是为老百姓的利益着想，让老百姓幸福就是党的事业。增进民生福祉既是检验政绩的重要标准，也是发展的根本目的。

坚持在发展中保障和改善民生是新时代坚持和发展中国特色社会主义基本方略的重要内容。发展成就由人民创造，由人民共享。全面建成小康社会、带领全体人民走向共同富裕是中国共产党人的庄严承诺。打赢脱贫攻坚战、历史性地解决中华民族千百年来存在的绝对贫困问题，是把人民对美好生活的向往作为奋斗目标的生动体现，也是多谋民生之利、多解民生之忧，让人民群众在共建共享发展中有更多获得感的实际行动。

党的十八大以来，以习近平同志为核心的党中央坚持把实现好、维护好、发展好最广大人民的根本利益作为推进改革的出发点和落脚点，把增强人民群众获得感、幸福感、安全感放到突出位置来抓，紧紧依靠人民推进改革，重要领域和关键环节改革取得实质性突破。

---

① 《毛泽东选集》（第三卷），人民出版社，1991，第 1004 页。
② 习近平：《之江新语》，浙江人民出版社，2007，第 26 页。

紧紧依靠人民推进国家治理现代化。人类历史发展的最终目的是实现人类解放，促进每个人的全面发展。国家治理的现代化说到底是人的现代化。中国共产党的一切执政活动、中华人民共和国的一切治理活动，都要尊重人民主体地位，尊重人民首创精神，拜人民为师，使各方面提出的真知灼见都能运用于治国理政当中。

第二节

全心全意为人民服务是党的根本宗旨

党章指出："坚持全心全意为人民服务。党除了工人阶级和最广大人民群众的利益，没有自己特殊的利益。党在任何时候都把群众利益放在第一位，同群众同甘共苦，保持最密切的联系，坚持权为民所用、情为民所系、利为民所谋，不允许任何党员脱离群众，凌驾于群众之上。我们党的最大政治优势是密切联系群众，党执政后的最大危险是脱离群众。党风问题、党同人民群众联系问题是关系党生死存亡的问题。党在自己的工作中实行群众路线，一切为了群众，一切依靠群众，从群众中来，到群众中去，把党的正确主张变为群众的自觉行动。"

一、全心全意为人民服务是党的性质的本质要求

全心全意为人民服务是党的根本宗旨，是党的一切行动的根本出发点和落脚点，是党的先进性的本质体现，是党区别于其他任何政党的根本标志。1944 年 9 月 8 日，毛泽东同志在张思德同志追悼会上，提出了"为人民服务"这一光辉命题。1945 年党的七大把"为人民服务"的宗旨正式写入党章，明确规定"中国共产党人必须具有全心全意为中国人民服务的精神"。从那时起，我们党就把这一宗旨鲜明地写在自己的旗帜上，一以贯之地体现在党的全部工作中。

党的宗旨是中国共产党同一切剥削阶级政党的根本区别。历史唯物主义认为，人民群众是历史的创造者，是推动社会前进的根本力量。共产党人把历史唯物主义作为自己的世界观和方法论，这就决定了共产党人必须具有一

切从人民的利益出发，全心全意为人民服务的思想。中国共产党是以全心全意为人民服务为宗旨的马克思主义政党，这一宗旨的内涵主要包括三个方面。一是党代表最广大人民的根本利益，而不是仅仅代表某个地区、某个民族、某个行业无产阶级的利益，更不代表某个宗派的利益。党的服务对象包括整个无产阶级和各族劳动人民；同时，它的服务不是一时一事，而是贯穿于共产主义运动全过程，贯穿于人类解放事业全过程。1945 年毛泽东同志在《论联合政府》中指出："全心全意地为人民服务，一刻也不脱离群众；一切从人民的利益出发，而不是从个人或小集团的利益出发；向人民负责和向党的领导机关负责的一致性；这些就是我们的出发点。"① 二是党的利益同广大人民群众的根本利益是完全一致的。党员同广大劳动人民之间是同甘苦、共命运的关系，党为人民服务是主动的、自觉的、不带任何条件和全心全意的。三是党既坚持一切为了人民和一切依靠人民，又善于领导人民前进。同剥削阶级的政党相反，工人阶级政党不是把人民群众当作自己的工具，而是自觉地认定自己是人民群众在特定历史时期完成特定历史任务的工具。任何剥削阶级政党都不可能始终如一地为广大人民群众谋利益，也不可能拥有中国共产党这样深厚的阶级基础和群众基础，因而全心全意为人民服务的宗旨是我们党与其他剥削阶级政党的显著区别。尽管资产阶级政党也打着"人民"的旗号，自我标榜为"人民"谋利益，但这不过是剥削阶级的遮羞布罢了。

坚持党的宗旨是我们党不断发展壮大的力量源泉。最广大人民群众的拥戴和支持，是任何政党产生和存在的基础、发展和壮大的源泉。历史和人民选择了中国共产党作为执政党，这说明我们党始终把全心全意为人民服务作为自己的执政理念、应尽责任和神圣使命，符合最广大人民群众的愿望。毛泽东同志在《为人民服务》的演讲中清楚地表明，我们党和军队的使命与目标就是"为人民的利益"而工作，"解救"正在受难的中国人民，"取得全民族的解放"，我们都是来自五湖四海，都是为着这个"共同的革命目标"而走到一起。事实正是这样：土地革命时期，我们党和军队发动人民群众开展了"打土豪，分田地"的斗争，满足了革命根据地内人民对于土地的需求。

---

① 《毛泽东选集》（第三卷），人民出版社，1991，第 1094–1095 页。

抗日战争时期，我们党建立抗日民族统一战线，团结全国人民，打败了日本侵略者，实现了人民对于民族独立的渴望。解放战争时期，我们党和军队在人民群众的大力支持下与国民党展开殊死搏斗，最终取得了解放战争的胜利，实现了无产阶级和广大劳动人民的解放。这有力地证明只有根植于最广大人民群众，我们党才能赢得人民群众的信赖和拥戴，党的事业才能获得不懈动力。

《关于新形势下党内政治生活的若干准则》中指出："人民立场是党的根本立场，人民群众是党的力量源泉。我们党来自人民，失去人民的拥护和支持，党就会失去根基。必须把坚持全心全意为人民服务的根本宗旨、保持党同人民群众的血肉联系作为加强和规范党内政治生活的根本要求。"我们党的根基在人民、血脉在人民、力量在人民，密切联系群众是我们党最大的政治优势，脱离群众是我们党执政后的最大危险。必须牢固树立人民群众是历史创造者的历史唯物主义观点，站稳群众立场，增进群众感情。

二、党践行以为人民服务为宗旨的群众观点和群众路线

党章明确规定："党在自己的工作中实行群众路线，一切为了群众，一切依靠群众，从群众中来，到群众中去，把党的正确主张变为群众的自觉行动。"党的群众路线是马克思主义认识论和历史唯物主义基本原则的体现，也是党对待群众的根本态度和领导方法。坚持党的群众路线，是坚持全心全意为人民服务宗旨的必然要求。

知识链接

为人民服务是毛泽东同志于 1944 年 9 月 8 日在张思德同志追悼会上提出的。张思德同志在烧炭时，因炭窑倒塌而牺牲。当时，抗日战争正处在十分艰苦的阶段，有许多困难需要克服。毛泽东同志针对这一情况，讲述为人民服务的道理，号召大家学习张思德同志完全彻底为人民服务的精神，团结起来，打败日本侵略者。

群众观点是我们党的基本政治观点。党的群众观点，一是全心全意为人民服务的观点。我们党来自人民、扎根人民、服务人民，党的一切工作都是

为了最广大人民的根本利益；人民利益高于一切，这是每个共产党员思想与行为的最高准则。二是一切向人民群众负责的观点。我们党没有自身特殊的利益，人民群众的根本利益就是党的利益，对人民群众负责就是对党负责；为人民群众的利益坚持对的、为人民群众的利益修正错的，反对一切损害人民群众利益的行为。三是坚信群众自己解放自己的观点。坚持人民群众的主体地位，发挥人民群众的主体作用；历史发展、社会进步离不开党的正确领导，但真正创造历史，决定历史前进方向的是广大人民群众；充分发挥人民的主体作用，党领导的革命和建设事业才能不断取得胜利。四是向人民群众学习的观点。人民群众是最伟大的老师，人民群众的实践经验是最丰富的教材；人民群众不仅是党的力量源泉，也是党的智慧源泉；我们党坚持向人民学习，向人民取经，将广大人民的智慧汇集成系统的经验和理论，用于指导人民的实践，并在实践中检验其正确与否。

人民是真正的英雄，人民是决定党和国家命运前途的根本力量，要依靠人民创造历史伟业。波澜壮阔的中华民族发展史是中国人民书写的，博大精深的中华文明是中国人民创造的，历久弥新的中华民族精神是中国人民培育的，中华民族从站起来、富起来到强起来的伟大飞跃是中国人民奋斗出来的。

依靠人民群众创造伟业，关键是在思想上要牢固树立人民群众的主体地位。我们党制定任何一项政策，推动任何一项改革，都要倾听人民的呼声，汲取人民的智慧。我们要尊重人民群众的首创精神，最大限度地激发人的创造热情，这样我们的工作就能获得最广泛的支持，就有强大的生命力。我们党领导中国人民进行革命、建设和改革的历史，就是一部动员群众、组织群众、团结群众、依靠群众、服务群众的奋斗史。总结我们党发展壮大的经验，很重要的一条，就是始终坚持“从群众中来，到群众中去”，始终把群众作为智慧和力量的源泉，始终把人民放在心中最高位置，尊重人民主体地位，尊重人民首创精神，拜人民为师，把政治智慧的增长、执政本领的增强深深扎根于人民的创造性实践之中。坚持以“百姓心为心”，把尊重社会发展规律与尊重人民主体地位统一起来，就没有克服不了的困难，就没有越不过的坎。

三、“以人民为中心”进一步彰显了我们党是全心全意为人民服务的马克思主义政党

党的十九大报告指出：“坚持以人民为中心。人民是历史的创造者，是决定党和国家前途命运的根本力量。必须坚持人民主体地位，坚持立党为公、执政为民，践行全心全意为人民服务的根本宗旨，把党的群众路线贯彻到治国理政全部活动之中，把人民对美好生活的向往作为奋斗目标，依靠人民创造历史伟业。”① 这一重要论述，深刻揭示了我们党一切执政活动的根本目的和评价标准。党的十九大党章增写了“以人民为中心的发展思想”，进一步彰显了我们党是不忘初心、牢记使命、全心全意为人民服务的马克思主义政党，进一步深化了以新发展理念引领和推动新发展的伟大实践，进一步坚定了新时代中国特色社会主义朝着全体人民共同富裕的目标迈进的信念和决心，对进一步明确党的使命、强化党的领导、推进党的事业、实现党的宗旨具有强大的指导意义和推动作用。

党的二十大报告着眼全面建成社会主义现代化强国的宏伟目标和战略安排，鲜明提出了前进道路上必须牢牢把握的五条重大原则，为全面建设社会主义现代化国家提供了根本遵循。党的二十大报告确定“坚持以人民为中心的发展思想”的重大原则，强调维护人民根本利益，增进民生福祉，不断实现发展为了人民、发展依靠人民、发展成果由人民共享，让现代化建设成果更多更公平惠及全体人民。

对我来讲，人民把我放在这样的工作岗位上，就要始终把人民放在心中最高的位置，牢记人民重托，牢记责任重于泰山。这样一个大国，这样多的人民，这么复杂的国情，领导者要深入了解国情，了解人民所思所盼，要有“如履薄冰，如临深渊”的自觉，要有“治大国如烹小鲜”的态度，丝毫不敢懈怠，丝毫不敢马虎，必须夙夜在公、勤勉工作。人民是我们力量的源泉。只要与人民同甘共苦，与人民团结奋斗，

① 习近平：《决胜全面建成小康社会 夺取新时代中国特色社会主义伟大胜利——在中国共产党第十九次全国代表大会上的报告》（2017 年 10 月 18 日），人民出版社，2017，第 21 页。

就没有克服不了的困难，就没有完成不了的任务。

——习近平接受金砖国家媒体联合采访时的讲话（2013年3月19日）

人民群众是我们党的事业的力量源泉，人民立场是中国共产党的根本政治立场。人民立场体现了马克思主义唯物史观，体现了对人民群众创造历史的地位和作用的深刻认识，体现了对人类社会发展规律的科学把握，体现了对保持党的先进性和纯洁性的坚定追求，是马克思主义政党区别于任何政党的显著标志。习近平同志指出："必须牢记我们的共和国是中华人民共和国，始终要把人民放在心中最高的位置，始终全心全意为人民服务，始终为人民利益和幸福而努力工作。"[①]人民群众对美好生活的向往，就是我们的奋斗目标，坚持一切为了人民，带领全国人民不断创造美好生活，生动诠释了中国共产党人的根本立场，生动诠释了全心全意为人民服务的根本宗旨，生动诠释了新时代中国特色社会主义的根本追求。把人民对美好生活的向往作为奋斗目标，从根本上回答了"为了谁"的问题，是立党为公、执政为民的生动体现，是共产党人始终坚守的政治灵魂和精神支柱。我们党来自人民、植根人民、服务人民，除了工人阶级和最广大人民群众的利益，党没有自己特殊的利益，任何时候都把群众利益放在第一位，不允许任何党员脱离群众、凌驾于群众之上。

习近平同志指出："党的一切工作必须以最广大人民的利益为最高标准。""我们的目标很宏伟，但也很朴素，归根结底就是让全体中国人都过上更好的日子。"[②]以习近平同志为核心的党中央，始终秉持以人民为中心的发展思想，以造福人民为最大政绩，从群众最关心的问题入手，把民生疾苦放在心头，把改革发展责任扛在肩上，一大批惠民举措落地实施，推动发展成果更多更公平惠及全体人民；始终把人民利益放在至高无上的地位，顺应我国社会主要矛盾已经发生历史性变化的实践要求，着力解决我国发展不平衡不充分的问题，在更高水平上不断满足人民群众日益增长的美好生活需要。

① 《习近平谈治国理政》（第三卷），外文出版社，2020，第139页。
② 《习近平谈治国理政》（第三卷），外文出版社，2020，第134页。

党的十九届五中全会通过的《中共中央关于制定国民经济和社会发展第十四个五年规划和二〇三五年远景目标的建议》中提出，要“坚持人民至上、生命至上，把保护人民生命安全摆在首位”。让人民过上好日子，是党团结带领人民进行革命、建设、改革的根本目的。作为中国最广大人民根本利益的忠实代表，中国共产党自成立之日起，就始终把坚持人民立场、维护人民利益，同人民风雨同舟、血脉相通、生死与共书写在自己的旗帜上，践行在一切行动中。

一部中国共产党的历史，就是一部牢固树立以人民为中心、践行全心全意为人民服务的历史。以人民为中心不仅强调坚持以人民为中心的工作导向、以人民为中心的发展思想，而且上升到以人民为中心的执政理念。以人民为中心表明，人民是我们党制定一切路线、方针、政策所围绕的中心，是我们党领导改革发展稳定、内政外交国防、治党治国治军的基准所在。

中国共产党人精神谱系之焦裕禄精神

亲民爱民、艰苦奋斗、科学求实、迎难而上、无私奉献

延伸阅读

焦裕禄：一棵挺立的大树

2019年3月9日，北京，人民大会堂，第十三届全国人大二次会议上，习近平总书记与河南代表团座谈，高建军代表记忆犹新：总书记询问，兰考的焦桐制作的乐器怎么样？我回答说，我们制作的琵琶、古筝目前已经远销日本、美国、德国、加拿大等国家。

高建军是兰考县所属的开封市的市长，总书记关心的焦桐，就是50多年前为了防风治沙，焦裕禄带领兰考人种下的泡桐树。2014年，在第二批党的群众路线教育实践活动中，总书记将兰考作为联系点，一年之内，两次亲赴兰考指导工作。面对总书记嘱托和全国人民期盼，兰考县委县政府郑重作出

了“三年脱贫、七年小康”的承诺，2017 年 3 月 27 日，河南正式宣布兰考率先脱贫。

兰考县的干部都知道老书记就是一个标杆，一面旗帜，老书记走了，但老书记半个世纪前的遗愿已经成为现实，焦裕禄精神也已成为代代相传、历久弥新的财富。兰考这座豫东小城，一直汇聚着全国乃至全世界的目光。

造林会议“跑题”成焦裕禄事迹讨论会

焦裕禄的事迹最初是从一次全省性会议上的发言开始的。

1964 年 5 月下旬，焦裕禄刚刚去世不久，河南省召开了一个全省性的沙区造林工作会议。兰考县的县长在会上发言，但县长在发言过程中却“跑题”了，沙区造林越讲越少，而带领人们进行沙区造林的焦裕禄事迹越讲越多，他把沙区造林经验交流会讲成了焦裕禄事迹报告会。

人们深受焦裕禄事迹感动，没有一个人提醒这位县长发言“跑题”的事。一个小时过去了，主持会议的副省长王维祥并没有让他停下来，反而让他继续讲，不受时间限制。

县长一口气讲了两个半小时，全场 400 多人都听得泣不成声。王维祥副省长立即宣布转换会议主题，下午全体讨论焦裕禄事迹。

会议结束后，河南省委作出向优秀共产党员焦裕禄同志学习的决定。1964 年 11 月 20 日，《人民日报》刊登了题为《焦裕禄同志为党为人民忠心耿耿》的报道，这是有关焦裕禄事迹最早的一篇报道。时隔一年，时任新华社副社长穆青带着记者冯健到河南了解灾情。最初他们没有准备宣传焦裕禄，后来听了分社对焦裕禄事迹的汇报深受感动，认为焦裕禄的精神太感人了，有进一步宣传报道的必要，决定以长篇通讯的形式再一次报道焦裕禄的事迹。1966 年 2 月 7 日，一万多字的长篇通讯《县委书记的榜样——焦裕禄》在《人民日报》刊发，中央人民广播电台在同天转播录制时，却遇到了前所未有的“障碍”。稿子还没念到一半，播音员齐越已经泣不成声。闻讯赶来的几十位播音员、电台干部肃立在录音室的窗外，静静地看、默默地听、悄悄地擦眼泪……这是一位什么样的干部，身上有着怎样的精神魅力？

“不改变兰考的面貌，我决不离开这里”

“冬春风沙狂，夏秋水汪汪，一年劳动半年糠，扶老携幼去逃荒。”这是20世纪60年代初，兰考内涝、盐碱、风沙“三害”肆虐的悲惨景象。

1962年冬，焦裕禄来到兰考。这一年，春天风沙打毁了20万亩（约合1.33万公顷）麦子，秋天内涝淹坏了30万亩（合2万公顷）庄稼，盐碱地上有十万亩（约合0.67万顷）禾苗被碱死，全县的粮食产量下降到历史的最低水平。

“感谢党把我派到最困难的地方。请组织上放心，不改变兰考的面貌，我决不离开这里。”带着“改变兰考面貌”的誓言，焦裕禄的名字永远和兰考连在了一起。

半个多世纪后，人们追忆“焦裕禄在兰考的475天到哪去了？”

答案是：风沙中，暴雨间，寒风里，骄阳下，最困难的乡亲身边……一年零三个月，焦裕禄走访了全县140多个大队中的120多个，查清全县大小风口84个，逐个编号、绘图，行程5000余里。

“别人下大雨都是往屋里跑，焦书记是一下大雨就带着干部往外跑，沿着水流，一直查到水归槽。哪里的河渠淤塞了，哪里的路基阻水了，哪里要有涵（洞），哪里要修闸，都调查得清清楚楚，绘成了详细的排洪泄洪图。”82岁的兰考县水利局退休工程师申显奎回忆起当年焦裕禄治水的情景，感慨万千。

在工作之余，焦裕禄的时间，大都跟群众泡在一起。在兰考的日子里，焦裕禄与群众结下深厚的血肉之情，当地一些上了年纪的人提起焦裕禄，依然亲切地称他为“老焦”。

那是一个冬日，焦裕禄顶着铺天盖地的风雪，一连走访了九个村子，访问了几十户群众。但是，却没烤群众一把火，没喝群众一口水。他来到梁孙庄梁俊才的家里，为双目失明的大娘和生病的大爷送上面粉和钱。老人问：“你是谁？”焦裕禄答：“我是您的儿子。”

千难万难干了就不难。在除“三害”的斗争中，为了取得经验，焦裕禄同志率领干部、群众进行了小面积翻淤压沙、翻淤压碱、封闭沙丘试验。然后以点带面，全面铺开。他形象地把翻淤压沙叫作“贴膏药”，把种泡桐叫作“扎针”。

1964年春天，焦裕禄病情恶化，地委负责同志劝他住院治疗，他强调工作忙离不开不去住院。医生开了药方，他嫌药贵不肯买，继续坚持下乡工作。当他不得不躺在病床上时，仍在思考如何撰写改变兰考面貌的文章。在生命最后的日子里，他仍然惦记着张庄的沙丘封住了没有，赵家楼的庄稼淹了没有，秦寨的盐碱地上麦子长得怎么样，老韩陵地里的泡桐树栽了多少……

也就在那年，正当兰考的封沙、治水、改地斗争节节胜利的时候，焦裕禄永远地离开了。

从焦裕禄被兰考县委“强制”入院到离世，只有53天时间。他死后，人们在他病床的枕下发现两本书：一本是《毛泽东选集》，一本是《论共产党员的修养》。

“每年我都要让焦书记尝尝盐碱地长出的馍馍”

“俺总想老焦没走远，还在我们身边。我们日子好了，他自己一天好日子没过，为老百姓除‘三害’累死。临走还说，活着我没治好沙丘，死了也要看着你们把沙丘治好，如今沙丘长出了好庄稼，得让焦书记尝尝！”兰考县闫楼乡75岁的赵玉华每逢清明和焦裕禄的祭日都会蒸几个馍馍送到焦陵。

得民心者行远，焦裕禄这个名字始终与时代紧密相连。

1966年9月15日，焦裕禄二女儿焦守云登上天安门城楼，受到毛主席亲切接见。第二天，焦守云与毛泽东、周恩来、刘少奇等的合影，刊登在《人民日报》，她当时才13岁。

毛泽东为焦裕禄题词：为人民而死，虽死犹荣。

百姓谁不爱好官　把泪焦桐成雨

2009年，时任中共中央政治局常委、国家副主席的习近平就专程来过兰考，致敬忠魂。在与干部群众座谈时，他把焦裕禄精神概括为“亲民爱民、艰苦奋斗、科学求实、迎难而上、无私奉献”。之前的1990年7月15日，时任福州市委书记的习近平为焦裕禄事迹所感动，写下了真情无限的《念奴娇·追思焦裕禄》。

魂飞万里，
盼归来，
此水此山此地。
百姓谁不爱好官？

把泪焦桐成雨。
生也沙丘，
死也沙丘，
父老生死系。
暮雪朝霜，
毋改英雄意气！

依然月明如昔，
思君夜夜，
肝胆长如洗。
路漫漫其修远矣，
两袖清风来去。
为官一任，
造福一方，
遂了平生意。
绿我涓滴，
会它千顷澄碧。

2014年3月17日至18日，习近平总书记第二次来到兰考，号召全党结合时代特征大力学习弘扬焦裕禄精神。如今，挥洒于诗词里的殷切之情，已经化为中华大地发展变化的宏图实景。

又是一个春天，焦裕禄干部学院旁，当年焦裕禄亲手栽下的那棵焦桐已长成参天大树。全国各地来这里培训的学员在这里，以焦裕禄为镜，学做人民的好公仆。

焦裕禄精神，必将长存天地之间，永放光芒。

（摘编自刘先琴:《焦裕禄：一棵挺立的大树》，《文摘报》2019年4月9日）

第三章

中国共产党的指导思想

本章导读

中国共产党以马克思列宁主义、毛泽东思想、邓小平理论、“三个代表”重要思想、科学发展观、习近平新时代中国特色社会主义思想作为自己的行动指南。

第一节
马克思列宁主义是无产阶级及其政党的科学理论

党章指出："马克思列宁主义揭示了人类社会历史发展的规律，它的基本原理是正确的，具有强大的生命力。中国共产党人追求的共产主义最高理想，只有在社会主义社会充分发展和高度发达的基础上才能实现。社会主义制度的发展和完善是一个长期的历史过程。坚持马克思列宁主义的基本原理，走中国人民自愿选择的适合中国国情的道路，中国的社会主义事业必将取得最终的胜利。"

一、马克思主义产生的时代背景

马克思主义诞生于19世纪40年代，是由无产阶级革命导师马克思、恩格斯创立的。当时，随着资本主义经济的迅速发展，无产阶级登上历史舞台，成为一支独立的政治力量，这为马克思主义的产生奠定了坚实的阶级基础。在工人运动中，空想社会主义无法解决资产阶级与无产阶级的矛盾，且阻碍工人革命斗争的发展。因此，无产阶级迫切需要代表本阶级利益的科学理论，这也成为马克思主义产生的历史原因与客观条件。马克思、恩格斯适应无产阶级斗争的需要，总结了无产阶级革命斗争的经验，批判地继承了人类历史上一切先进思想的优秀成果，创立了无产阶级谋求解放的科学理论——马克思主义。

具体来讲，马克思、恩格斯在批判地继承了德国古典哲学和18世纪末至19世纪初的哲学和社会科学的重要成果的基础上，创立了辩证唯物主义和历史唯物主义哲学理论，为无产阶级提供了科学的世界观和方法论；批判地吸收了英国古典经济学关于劳动创造价值的学说和成果，创立了剩余价值学说，揭露了工人阶级利益和资产阶级利益尖锐对立的经济根源，并揭示出只有推翻资本主义社会、建立社会主义和共产主义社会，才能使无产阶级和一切被压迫被剥削阶级得到彻底解放；马克思、恩格斯还批判地吸收了法国空想社会主义者圣西门、傅里叶和英国空想社会主义者欧文的思想精华，使社会主义从空想发展成为科学。

马克思主义主要包括马克思主义哲学、马克思主义政治经济学和科学社会主义三个组成部分，它们不是彼此孤立、互不联系的，而是组成一个具有内在逻辑联系的科学体系。马克思主义哲学是无产阶级的科学世界观和方法论，是无产阶级及其政党认识世界和改造世界的锐利思想武器。马克思主义政治经济学阐明了剩余价值学说，揭开了资本主义剥削的秘密，揭示了资本主义生产方式的本质及其产生、发展和灭亡的客观规律，阐述了无产阶级在资本主义社会中的地位和历史使命，为无产阶级革命提供了理论依据。科学社会主义以马克思主义哲学和政治经济学为理论基础，阐明了无产阶级解放运动的条件和发展规律，指出了无产阶级彻底解放的正确道路，即坚持反对资产阶级的斗争，推翻资产阶级统治，用无产阶级专政代替资产阶级专政，建立消灭剥削、各尽其能、按劳分配的社会主义社会，并最终实现“各尽所能、按需分配”的共产主义社会，这是直接指导无产阶级革命斗争的理论武器。

知识链接

十月革命

1917 年 11 月 7 日（俄历 10 月 25 日），在列宁的领导下，彼得格勒的工人士兵发动武装起义，推翻反动的资产阶级临时政府。第二天，全俄工兵代表苏维埃第二次代表大会通过列宁起草的《和平法令》和《土地法令》，以及其他一系列维护工农利益的决议案。随后，苏维埃政权在俄国各地相继建立。俄国十月革命的胜利，是人类历史上一个划时代的事件，极大地改变了 20 世纪世界历史的进程。

二、列宁主义产生的时代背景

列宁主义产生于19世纪末20世纪初的俄国。当时全世界的无产阶级革命运动普遍开展起来，殖民地、半殖民地人民的反帝民族解放运动也日益高涨。无产阶级革命的伟大时代已经到来，历史发展及革命实践中出现一系列急需解决的新问题，在这一国际背景下，产生了列宁主义。

列宁运用马克思主义的立场、观点和方法，研究了资本主义发展的新情况和新特点，科学地分析了帝国主义的本质和特征，依据世界资本主义经济政治发展不平衡的规律，提出社会主义革命可以在一个国家或几个国家首先获得成功，解决了帝国主义时代无产阶级革命的一系列重大问题，领导伟大的十月革命取得胜利，创立了世界上第一个无产阶级专政的社会主义国家。

列宁还研究了自由资本主义、垄断资本主义和社会主义的经济状况，为马克思主义政治经济学提供了划时代的新内容。列宁主义是无产阶级革命实践经验的结晶，是20世纪初人类思想史上的重大成果，是帝国主义和无产阶级革命时代的马克思主义。

三、马克思列宁主义的时代价值

恩格斯说过："一个民族要想站在科学的最高峰，就一刻也不能没有理论思维。"[①] 要实现中华民族伟大复兴，一刻也不能没有科学理论指导。习近平同志在庆祝中国共产党成立95周年大会上的讲话中指出："指导思想是一个政党的精神旗帜。95年来，中国共产党之所以能够完成近代以来各种政治力量不可能完成的艰巨任务，就在于始终把马克思主义这一科学理论作为自己的行动指南，并坚持在实践中不断丰富和发展马克思主义。这使我们党得以摆脱以往一切政治力量追求自身特殊利益的局限，以唯物辩证的科学精神、无私无畏的博大胸怀领导和推动中国革命、建设、改革，不断坚持真理、修正错误。无论是处于顺境还是逆境，我们党从未动摇对马克思

① 恩格斯：《自然辩证法》，载《马克思恩格斯选集》（第三卷），人民出版社，2012，第875页。

主义的信仰。”①

> 我们的党从它一开始，就是一个以马克思列宁主义的理论为基础的党，这是因为这个主义是全世界无产阶级的最正确最革命的科学思想的结晶。
>
> ——《毛泽东选集》（第三卷），人民出版社，1991，第1093页。

中国共产党已经走过了一百多年光辉历程。党的百年奋斗展示了马克思主义的强大生命力，马克思主义的科学性和真理性在中国得到充分检验，马克思主义的人民性和实践性在中国得到充分贯彻，马克思主义的开放性和时代性在中国得到充分彰显。

党的二十大报告指出：“马克思主义是我们立党立国、兴党兴国的根本指导思想。实践告诉我们，中国共产党为什么能，中国特色社会主义为什么好，归根到底是马克思主义行，是中国化时代化的马克思主义行。拥有马克思主义科学理论指导是我们党坚定信仰信念、把握历史主动的根本所在。”②

历史学习小故事

革命先驱——李大钊

铁肩担道义，妙手著文章。

1889年10月29日，李大钊出生在河北省乐亭县。1907年他考入天津北洋法政专门学校学习政治经济。1913年冬，他东渡日本，就读于东京早稻田大学。当日本帝国主义向袁世凯提出灭亡中国的“二十一条”后，他积极参加留日学生总会的爱国斗争，起草的《警告全国父老书》迅速传遍全国，李大钊也因此成为举国闻名的爱国志士。

① 习近平：《在庆祝中国共产党成立95周年大会上的讲话》（2016年7月1日），《人民日报》2016年7月2日第2版。

② 习近平：《高举中国特色社会主义伟大旗帜　为全面建设社会主义现代化国家而团结奋斗——在中国共产党第二十次全国代表大会上的报告》（2022年10月16日），《人民日报》2022年10月26日第1版。

1916 年李大钊回国后，积极参与正在兴起的新文化运动。俄国十月革命的胜利极大地鼓舞和启发了李大钊，他先后发表了《法俄革命之比较观》《庶民的胜利》《布尔什维主义的胜利》《新纪元》等文章和演说。1919 年，他又发表了《我的马克思主义观》《再论问题与主义》等宣传马克思主义的文章。

1920 年 3 月，李大钊在北京大学发起组织马克思学说研究会。10 月，在李大钊发起下，北京的中国共产党早期组织建立。1921 年中国共产党成立后，李大钊代表党中央指导北方的工作。1926 年 3 月，李大钊领导并亲自参加了反对日、英帝国主义和反对军阀张作霖、吴佩孚的斗争，在极端危险和困难的情况下，继续领导党的北方组织坚持革命斗争。

1927 年 4 月 6 日，奉系军阀张作霖勾结帝国主义，闯进苏联大使馆驻地，逮捕了李大钊等 80 余人。李大钊备受酷刑，但在监狱中，在法庭上，他始终大义凛然，坚贞不屈。4 月 28 日，军阀不顾广大人民群众和社会舆论的强烈反对和谴责，悍然将李大钊等革命者绞杀。李大钊第一个走上绞架，从容就义，时年 38 岁。

被捕后，李大钊这样总结自己的一生："钊自束发受书，即矢志努力于民族解放之事业，实践其所信，励行其所知，为功为罪，所不暇计。"习近平总书记在纪念李大钊诞辰 120 周年座谈会上曾高度评价李大钊："李大钊同志开创的伟大事业和留下的思想遗产永远不可磨灭，他播撒的革命种子已经在中国大地上生根、开花、结果。正因为如此，今天，我们更加感受到李大钊同志历史眼光的深邃和思想价值的珍贵，更加感受到他革命精神的崇高和人格力量的伟大。李大钊同志永远是共产党人学习的楷模和榜样。"

李大钊没有在党内担任重要的领导职务，但他的党的创始人的历史地位却是不可动摇的。他是中国第一个富有理性的马克思主义者，开创了中国共产主义运动及其思想传统。为组建中国共产党，共产国际代表来华接洽的第一个人就是李大钊。在中国，最早向世人公开表达"马克思主义观"的，也是李大钊。而孙中山指定进入国民党一大主席团的唯一的共产党人还是李大钊。

在早期的中国共产党人心中，李大钊是他们的精神领袖。就连年长他 10 岁的陈独秀也曾自谦道："'南陈'徒有虚名，'北李'确如北斗。"

从介绍十月革命的革命经验，传播马克思主义的思想，到创建一个又一个的先进组织，再到中共一大的筹备，李大钊都起到了先锋与领路人的作用。

（摘编自周远主编《爱国主义》，西安交通大学出版社，2020，第33–38页）

第二节

毛泽东思想是马克思列宁主义在中国的创造性运用和发展

以毛泽东同志为主要代表的中国共产党人，把马克思列宁主义的基本原理同中国革命的具体实践结合起来，创立了毛泽东思想。毛泽东思想是马克思列宁主义在中国的运用和发展，是被实践证明了的关于中国革命和建设的正确的理论原则和经验总结，是中国共产党集体智慧的结晶。

一、毛泽东思想产生的时代背景

中国共产党成立之初，就把马克思列宁主义确定为指导思想。然而，马列主义并不能完全解决中国革命所面临的问题，还需要把马克思主义基本原理和中国具体实际相结合，即实现马克思主义中国化。马克思主义中国化的第一个重大理论成果就是毛泽东思想，毛泽东思想的形成和发展有其深刻的时代背景和实践基础。

20世纪上半叶，中国经历了列强侵略、军阀混战的乱象，国家四分五裂。经过不断抗争，中国先进分子以无产阶级的世界观作为观察国家命运的工具，以毛泽东为主要代表的中国共产党人，领导人民取得革命的胜利，又经历“冷战”和两大阵营激烈对抗，恢复国民经济、进行社会主义改造、探索社会主义建设。毛泽东思想是在我国新民主主义革命、社会主义革命和社会主义建设的实践过程中，在总结我国革命和建设正反两方面经验的基础上，逐渐形成和发展起来的。

毛泽东强调马克思主义必须同中国具体实际相结合，同党内一度盛行的把马克思主义教条化、把共产国际决议和苏联经验神圣化的错误倾向进行斗争，在理论上阐述了中国革命的新道路，提出并阐述了农村包围城市、武装夺取政权的思想，这标志着毛泽东思想的初步形成；遵义会议之后，毛泽东在理论上系统地总结了党领导中国革命的实践经验，对新民主主义革命理论进行科学阐述，实现了马克思主义与中国革命实践结合的历史性飞跃，这标志着毛泽东思想走向成熟。1945 年党的七大将毛泽东思想确立为党的指导思想。毛泽东思想以独创性理论丰富和发展了马克思列宁主义。在社会主义革命和建设时期，毛泽东同志提出把马克思列宁主义基本原理同中国具体实际进行“第二次结合”，以毛泽东同志为主要代表的中国共产党人，结合新的实际丰富和发展毛泽东思想，提出了关于社会主义建设的一系列重要思想。毛泽东思想教育了几代中国共产党人，它培养的大批骨干，不仅在新民主主义革命、社会主义革命、社会主义建设时期发挥了重要作用，而且为新的历史时期开创和建设中国特色社会主义发挥了重要作用。

二、毛泽东思想的丰富内涵

毛泽东思想具有丰富的内涵，它包括关于新民主主义革命的理论、关于社会主义革命和社会主义建设的理论、关于革命军队的建设和军事战略的理论、关于政策和策略的理论、关于思想政治工作和文化工作的理论、关于党的建设的理论等。毛泽东思想的活的灵魂是贯穿于各个组成部分的立场、观点、方法，体现为实事求是、群众路线、独立自主三个基本方面，为党和人民事业发展提供了科学指引。

知识链接

实事求是

延安整风运动期间，毛泽东同志为中央党校礼堂题词“实事求是”。实事求是是毛泽东思想的精髓，是毛泽东思想的出发点、根本点。毛泽东指出：“‘实事’就是客观存在着的一切事物，‘是’就是客观事物的内部联系，即规律性，‘求’就是我们去研究。”①

①《毛泽东选集》（第三卷），人民出版社，1991，第 801 页。

实事求是，就是一切从实际出发，理论联系实际，把马克思主义普遍真理同中国革命具体实践相结合，在实践中检验和发展真理。实事求是是毛泽东思想的出发点、根本点，是党的思想路线的核心。毛泽东指出："任何思想，如果不和客观的实际的事物相联系，如果没有客观存在的需要，如果不为人民群众所掌握，即使是最好的东西，即使是马克思列宁主义，也是不起作用的。"① 不论过去、现在和将来，都要坚持一切从实际出发，理论联系实际，要在实践中检验真理和发展真理。

群众路线，就是一切为了群众，一切依靠群众，从群众中来，到群众中去的路线。把马克思列宁主义关于人民群众是历史的创造者的原理系统地运用在党的全部活动中，形成党在一切工作中的群众路线，这是我们党长期在敌我力量悬殊的艰难环境里进行革命活动的无比宝贵的历史经验的总结。把党的正确主张变为群众的自觉行动，把群众路线贯彻到治国理政全部活动之中，群众路线是以毛泽东为主要代表的中国共产党人创造的、具有中国特色的科学领导方法和工作方法。马克思主义的科学世界观，特别是其关于人民群众是历史创造者的基本原理，是群众路线形成的理论基础；党的全部活动，是群众路线形成的实践基础。

独立自主，是从中国实际出发，主要依靠自己的力量发展革命和建设事业，把国家和民族发展放在自己力量的基点上，坚持民族自尊心和自信心，坚定不移走自己的路。这是我们立国、建国的一个根本方针。它既是中华民族的优良传统，也是中国共产党、中华人民共和国立党立国的重要原则，又是无产阶级取得革命和建设胜利的一条基本经验。在中国这样一个人口众多的东方大国进行革命和建设的国情与使命，决定了我们只能走自己的路。坚持独立自主，就要坚持中国的事情必须由中国人民自己作主张、自己来处理。世界上没有放之四海而皆准的具体发展模式，也没有一成不变的发展道路。历史条件的多样性，决定了各国选择发展道路的多样性。人类历史上，没有一个民族、没有一个国家可以通过依赖外部力量、跟在他人后面亦步亦趋实现强大和振兴。那样做的结果，不是必然遭遇失败，就是必然成为他人的附庸。

① 《毛泽东选集》（第四卷），人民出版社，1991，第 1515 页。

坚持独立自主。独立自主是中华民族精神之魂，是我们立党立国的重要原则。走自己的路，是党百年奋斗得出的历史结论。党历来坚持独立自主开拓前进道路，坚持把国家和民族发展放在自己力量的基点上，坚持中国的事情必须由中国人民自己作主张、自己来处理。人类历史上没有一个民族、一个国家可以通过依赖外部力量、照搬外国模式、跟在他人后面亦步亦趋实现强大和振兴。那样做的结果，不是必然遭遇失败，就是必然成为他人的附庸。只要我们坚持独立自主、自力更生，既虚心学习借鉴国外的有益经验，又坚定民族自尊心和自信心，不信邪、不怕压，就一定能够把中国发展进步的命运始终牢牢掌握在自己手中。

——《中共中央关于党的百年奋斗重大成就和历史经验的决议》（2021 年 11 月 11 日中国共产党第十九届中央委员会第六次全体会议通过）

习近平同志在纪念毛泽东同志诞辰 120 周年座谈会上强调：“新形势下，我们要坚持和运用好毛泽东思想活的灵魂，把我们党建设好，把中国特色社会主义伟大事业继续推向前进。”①

三、毛泽东思想的时代价值

毛泽东思想这个旗帜丢不得。丢掉了这个旗帜，实际上就是否定了我们党的光辉历史。

——《邓小平文选》（第二卷），人民出版社，1983，第 298 页。

毛泽东思想是马克思列宁主义在中国的创造性运用和发展，是被实践证

---

① 习近平：《在纪念毛泽东同志诞辰 120 周年座谈会上的讲话》（2013 年 12 月 26 日），人民出版社，2013，第 15 页。

明了的关于中国革命和建设的正确的理论原则和经验总结，是马克思主义中国化的第一次历史性飞跃。毛泽东思想被确定为中国共产党的指导思想，是历史发展的必然，是由它在中国革命和建设中的历史地位和伟大作用决定的。从马克思主义中国化的实践进程来看，毛泽东思想的产生并非偶然，它的产生与中国共产党的产生一样，都是实践的结果，是历史的必然选择，是近现代中国社会矛盾发展和人民革命斗争深入的结果。在毛泽东思想指引下，中国共产党领导全国各族人民，经过长期的反对帝国主义、封建主义、官僚资本主义的革命斗争，取得了新民主主义革命的胜利，建立了人民民主专政的中华人民共和国；中华人民共和国成立后，顺利地进行了社会主义改造，完成了从新民主主义到社会主义的过渡，确立了社会主义基本制度，发展了社会主义的经济、政治和文化。毛泽东思想是在不断与教条主义的斗争中逐步形成和发展。毛泽东思想是丰富的思想宝库，我们要系统、全面、准确地把握和运用，学习其中的世界观和方法论，掌握马克思主义的群众观，站稳共产党人的根本立场。

第三节

邓小平理论是改革开放和社会主义现代化建设的科学指南

党的十一届三中全会以来，以邓小平同志为主要代表的中国共产党人，总结新中国成立以来正反两方面的经验，解放思想，实事求是，实现全党工作中心向经济建设的转移，实行改革开放，开辟了社会主义事业发展的新时期，逐步形成了建设中国特色社会主义的路线、方针、政策，阐明了在中国建设社会主义、巩固和发展社会主义的基本问题，创立了邓小平理论。

一、邓小平理论产生的时代背景

邓小平理论是在和平与发展成为时代主题的历史条件下，在我国改革开放和现代化建设的实践中，在总结我国社会主义胜利和挫折的历史经验并借鉴其他社会主义国家兴衰成败历史经验的基础上，逐步形成和发展起来的。20世纪后半期，和平与发展已经成为时代的主题，世界上所有的国家，不论是发展中国家，还是发达国家，不论是社会主义国家，还是资本主义国家，都在谋求更快的发展。在这种历史条件下，我们这样一个发展中大国，必须尽快发展起来。这就要求有一种能够指引我们更快更好地发展，不断走向胜利的理论。党的十一届三中全会以来，在改革开放和社会主义现代化建设的实践中，不断创造出许多新经验和新事物，邓小平理论应运而生。

二、邓小平理论的丰富内涵

邓小平理论贯穿一个主题，就是建设中国特色社会主义。在改革开放新的历史时期，邓小平理论围绕“什么是社会主义、怎样建设社会主义”这个根本问题，强调必须坚持以经济建设为中心，坚持四项基本原则，坚持改革开放，深刻揭示社会主义本质，确立党在社会主义初级阶段的基本路线，强调发展是硬道理，提出“三步走”的发展战略，开辟建设中国特色社会主义的新道路，第一次比较系统地初步回答了中国的改革开放和现代化建设继续向前发展的一系列基本问题。

在社会主义的发展道路问题上，邓小平理论强调，要走自己的路，不把书本当教条，不照搬外国模式，以马克思主义为指导，以实践作为检验真理的唯一标准，解放思想，实事求是，尊重群众的首创精神，建设有中国特色的社会主义；在社会主义的发展阶段问题上，作出了我国还处在社会主义初级阶段的科学论断，强调这是一个至少上百年的很长的历史阶段，制定一切方针政策都必须以这个基本国情为依据，不能脱离实际，超越阶段；在社会主义的根本任务问题上，指出社会主义的本质是解放生产力，发展生产力，消灭剥削，消除两极分化，最终达到共同富裕；在社会主义的发展动力问题上，强调改革也是一场革命，也是解放生产力，是中国现代化的必由之路，僵化停滞是没有出路的；在社会主义建设的外部条件问题上，指出和平与发展是当今世界的两大主题，必须坚持独立自主的和平外交政策，为我国现代化建设争取有利的国际环境；在社会主义建设的政治保证问题上，强调坚持社会主义道路、坚持人民民主专政、坚持中国共产党的领导、坚持马克思列宁主义毛泽东思想；在社会主义建设的战略步骤问题上，提出基本实现现代化分三步走；在社会主义的领导力量和依靠力量问题上，强调作为工人阶级先锋队的共产党是社会主义事业的领导核心，党必须适应改革开放和现代化建设的需要，不断改善和加强对各方面工作的领导，改善和加强自身建设；在祖国统一的问题上，提出“一个国家、两种制度”的创造性构想。

邓小平理论的创新性，最突出的表现是以哲学的眼光审视传统经济体制，提出市场经济与社会主义相结合的改革思路，以社会主义市场经济理论填补了马恩经典留下的关于经济文化相对落后的国家用什么经济体制去建设社会主义这一理论空白。长期以来人们习惯于将市场经济等同于资本主义、计划经济等同于社会主义，社会主义经济与市场机制不相容似乎已成为无可争议的理论观点。邓小平从社会主义的现实状况和发展要求出发，从如何解放和发展生产力的角度出发，打破对计划经济的迷信和社会主义不能与市场经济相结合的禁忌，提出计划经济不等同于社会主义，市场经济不等同于资本主义，计划和市场都是经济手段，社会主义也可以搞市场经济的著名论断。邓小平说："社会主义制度并不等于建设社会主义的具体做法。"[①] 所谓"建设社会主义"的"具体做法"，其实质是经济体制问题。在邓小平理论体系中，社会主义市场经济理论与社会主义本质理论相联系。如果说社会主义本质理论是从社会基本价值取向上解决"什么是社会主义"的问题，那么，社会主义市场经济理论主要是从经济体制上解决"怎样建设社会主义"的问题。市场经济作为社会主义发展不可逾越的阶段，是实现社会主义本质的必然途径。

邓小平同志紧紧抓住"什么是社会主义、怎样建设社会主义"这个基本问题，响亮提出"走自己的道路，建设有中国特色的社会主义"的伟大号召，领导我们党在新中国成立以来革命和建设实践的基础上，成功走出了一条中国特色社会主义新道路。邓小平同志强调必须坚持以经济建设为中心，坚持四项基本原则，坚持改革开放，领导我们党制定了党在社会主义初级阶段的基本路线。邓小平同志指导我们党正确认识我国所处的发展阶段和根本任务，制定了现代化建设"三步走"发展战略。邓小平同志突出强调"改革是中国的第二次革命"，领导我们党有步骤地展开各方面体制改革，勇敢打开对外开放的大门。邓小平同志反复强调"两手抓、两手都要硬"，必须抓好社会主义精神文明建设和民主法制建设，实现社会全面进步。他创造性提出"一国两制"科学构想，指导我们实现香港、澳门平稳过渡和顺利回归，推动海峡两岸关系打开新局面。邓小平同志明确提出和平与发展是当代世界的两大问题，领导我们党及时调整各方面政策，为改革开放和社会主义现代化建设创造了难得历史机遇和良好外部环境。邓小平同志强调加强党的领导必须改善党的领导，必须聚精会神抓党的建设，使党的建设充满新的生机活力。正是这些重大思想理论和实践，使 20 世

---

① 《邓小平文选》（第二卷），人民出版社，1983，第 250 页。

纪的中国又一次发生天翻地覆的变化。

——习近平在纪念邓小平同志诞辰110周年座谈会上的讲话（2014年8月20日）

邓小平善于以宽广的马克思主义理论视野观察世界，始终把中国的发展置于时代发展潮流和人类文明进步的大趋势中进行理论思考，极大地拓展了马克思主义与中国实际相结合的实践领域和理论空间。

三、邓小平理论的时代价值

党的十一届三中全会以后，以邓小平同志为主要代表的中国共产党人，团结带领全党全国各族人民，深刻总结新中国成立以来正反两方面经验，围绕什么是社会主义、怎样建设社会主义这一根本问题，借鉴世界社会主义历史经验，创立了邓小平理论，解放思想，实事求是，作出把党和国家工作中心转移到经济建设上来、实行改革开放的历史性决策，深刻揭示社会主义本质，确立社会主义初级阶段基本路线，明确提出走自己的路、建设中国特色社会主义，科学回答了建设中国特色社会主义的一系列基本问题，制定了“三步走”发展战略，成功开创了中国特色社会主义。党的十五大报告指出：“马克思列宁主义同中国实际相结合有两次历史性飞跃，产生了两大理论成果。第一次飞跃的理论成果是被实践证明了的关于中国革命和建设的正确的理论原则和经验总结，它的主要创立者是毛泽东，我们党把它称为毛泽东思想。第二次飞跃的理论成果是建设有中国特色社会主义理论，它的主要创立者是邓小平，我们党把它称为邓小平理论。”① 邓小平理论是中国特色社会主义理论体系的奠基之作。

邓小平理论是马克思列宁主义的基本原理同当代中国实践和时代特征相结合的产物，是毛泽东思想在新的历史条件下的继承和发展，是马克思主义在中国发展的新阶段，是当代中国的马克思主义，是中国共产党集体智慧的结晶，引导着我国社会主义现代化建设事业不断前进。

① 《中国共产党第十五次全国代表大会文件汇编》，人民出版社，1997，第9页。

第四节

“三个代表”重要思想反映了当代世界和中国的发展变化对党和国家工作的新要求

党的十三届四中全会以来，以江泽民同志为主要代表的中国共产党人，在建设中国特色社会主义的实践中，加深了对什么是社会主义、怎样建设社会主义和建设什么样的党、怎样建设党的认识，积累了治党治国新的宝贵经验，形成了“三个代表”重要思想。

一、“三个代表”重要思想产生的时代背景

“三个代表”重要思想，是在科学判断党的历史方位的基础上提出来的。我们党历经革命、建设和改革，已经从领导人民为夺取全国政权而奋斗的党，成为领导人民掌握全国政权并长期执政的党；已经从受到外部封锁和实行计划经济条件下领导国家建设的党，成为对外开放和发展社会主义市场经济条件下领导国家建设的党。我们必须从中国和世界的历史、现状和未来着眼，准确把握时代特点和党的任务，科学制定并正确执行党的路线方针政策，认真研究和解决推动中国社会进步和加强党的建设的问题，做到既不割断历史又不迷失方向，既不落后于时代又不超越阶段，使我们的事业不断从胜利走向胜利。

随着改革开放的深入和社会主义市场经济的发展，中国的社会生活发生了广泛而深刻的变化，社会经济成分、组织形式、利益分配和就业方式的多样化还将进一步发展。旧的平衡打破之后新的平衡尚处于建立和完善过程之中，人民内部矛盾日趋复杂化和多样化。与此同时，一部分中国共产党党员

干部存在着思想僵化、信念动摇、组织涣散、作风漂浮，特别是腐败问题。再加上中国共产党正进入整体性新老交替的重要时刻，从2000年起到新世纪头十几、二十年，一大批年轻干部要走上中高级领导岗位。在这种情况下，从严治党，进一步全面提高全党特别是党的干部队伍的素质，成为十分紧迫的任务。所有这些，都必须紧密结合实际，来进行思考和研究，积极探索在新形势下加强党的建设的有效途径和办法，把“三个代表”的要求贯彻落实到党的建设的各项工作中去，保证我们党始终走在时代的前列，始终走在领导中华民族伟大复兴事业的前列，使我们党在思想上、政治上、组织上进一步巩固起来，经得起任何风险的考验。党的十三届四中全会以后，以江泽民为主要代表的中国共产党人，高举毛泽东思想、邓小平理论伟大旗帜，坚持以发展着的马克思主义指导发展着的实践，准确把握时代特征，科学判断党所处的历史方位，紧紧围绕建设中国特色社会主义这个主题，集中全党智慧，总结实践经验，以马克思主义的巨大理论勇气进行理论创新，逐步形成“三个代表”重要思想这一科学理论。

二、“三个代表”重要思想的丰富内涵

“三个代表”重要思想，集中概括了党和国家全部理论活动、实践活动，包括一切工作的根本方向、根本准则、根本依据，成为指引党和国家新世纪伟大进军的行动指南。中国共产党始终代表中国先进生产力的发展要求，代表中国先进文化的前进方向，代表中国最广大人民的根本利益，这是对“三个代表”重要思想的集中概括。

中国共产党要始终代表中国先进生产力的发展要求，就是党的理论、路线、纲领、方针、政策和各项工作，必须努力符合生产力发展的规律，体现不断推动社会生产力的解放和发展的要求，尤其要体现推动先进生产力发展的要求，通过发展生产力不断提高人民群众的生活水平。

我们党所以赢得人民的拥护，是因为我们党作为中国工人阶级的先锋队，在革命、建设、改革的各个历史时期，总是代表着中国先进

生产力的发展要求，代表着中国先进文化的前进方向，代表着中国最广大人民的根本利益，并通过制定正确的路线方针政策，为实现国家和人民的根本利益而不懈奋斗。

——江泽民在广东考察工作时的讲话（2000 年 2 月 25 日）

中国共产党要始终代表中国先进文化的前进方向，就是党的理论、路线、纲领、方针、政策和各项工作，必须努力体现发展面向现代化、面向世界、面向未来的，民族的、科学的、大众的社会主义文化的要求，促进全民族思想道德素质和科学文化素质不断提高，为我国经济发展和社会进步提供精神动力和智力支持。

中国共产党要始终代表中国最广大人民的根本利益，就是党的理论、路线、纲领、方针、政策和各项工作，必须坚持把人民的根本利益作为出发点和归宿，充分发挥人民群众的积极性、主动性、创造性，在社会不断发展进步的基础上，使人民群众不断获得切实的经济、政治、文化利益。

代表中国先进生产力的发展要求，代表中国先进文化的前进方向，代表中国最广大人民的根本利益，是统一的整体，相互联系，相互促进。发展先进的生产力，是发展先进文化、实现最广大人民根本利益的基础条件。人民群众是先进生产力和先进文化的创造主体，也是实现自身利益的根本力量。不断发展先进生产力和先进文化，归根到底都是为了满足人民群众日益增长的物质文化生活需要，不断实现最广大人民的根本利益。

三、“三个代表”重要思想的时代价值

党的十三届四中全会以后，以江泽民同志为主要代表的中国共产党人，团结带领全党全国各族人民，坚持党的基本理论、基本路线，加深了对什么是社会主义、怎样建设社会主义和建设什么样的党、怎样建设党的认识，形成了“三个代表”重要思想，在国内外形势十分复杂、世界社会主义出现严重曲折的严峻考验面前捍卫了中国特色社会主义，确立了社会主义市场经济体制的改革目标和基本框架，确立了社会主义初级阶段公有制为主体、多种所有制经济共同发展的基本经济制度和按劳分配为主体、多种分配方式并存

的分配制度，开创全面改革开放新局面，推进党的建设新的伟大工程，成功把中国特色社会主义推向21世纪。

“三个代表”重要思想是对马克思列宁主义、毛泽东思想、邓小平理论的继承和发展，反映了当代世界和中国的发展变化对党和国家工作的新要求，是加强和改进党的建设、推进我国社会主义自我完善和发展的强大理论武器，是中国共产党集体智慧的结晶，是党必须长期坚持的指导思想。始终做到“三个代表”，是我们党的立党之本、执政之基、力量之源。

第五节

科学发展观是中国特色社会主义理论体系的重大创新成果

党的十六大以来，以胡锦涛同志为主要代表的中国共产党人，坚持以邓小平理论和“三个代表”重要思想为指导，根据新的发展要求，深刻认识和回答了新形势下实现什么样的发展、怎样发展等重大问题，形成了以人为本、全面协调可持续发展的科学发展观。

一、科学发展观产生的时代背景

进入21世纪，面对复杂多变的国际环境和艰巨繁重的改革发展任务，党带领全国各族人民，开创了中国特色社会主义事业新局面，开拓了马克思主义中国化新境界，逐步完善了社会主义市场经济体制，坚定不移地把改革开放伟大事业推向前进。新世纪新阶段，我国面临的发展机遇前所未有，面对的挑战也前所未有。在国际范围内，和平、发展、合作成为时代潮流。世界多极化和经济全球化趋势深入发展，科技进步日新月异。同时，国际形势复杂多变，综合国力竞争日趋激烈，影响和平与发展的不稳定不确定因素增多。我国仍将长期面临发达国家在经济科技等方面占据优势的压力。从国内看，经过新中国成立以来特别是改革开放以来的奋斗探索，我国社会主义现代化建设取得历史性成就。但是，我国依然并将长期处于社会主义初级阶段，人民日益增长的物质文化需要同落后的社会生产之间的矛盾仍然是我国社会的主要矛盾。特别是随着我国进入改革发展的关键时期，经济体制深刻变革，社会结构深刻变动，利益格局深刻调整，思想观念深刻变化，这些空前的变化和变革，给我国发展进步带来巨大活力，也必然带来这样那样的新问题。我国发展仍面临着一些突出的矛盾和问题，主要体现在以下几个方面：经济结构不合理和粗放型经济增长方式还没有根本改变；城乡、区域、经济社会发展不够协调；人口资源环境压力加大；就业、社会保障、教育、医疗等民生问题比较突出。从新世纪新阶段的实际出发，为适应现代化建设需要，着眼于丰富发展内涵、创新发展观念、开拓发展思路、破解发展难题，我们党对于为什么发展和如何发展得更好进行了理论和方针探索，在此基础上形成了科学发展观这一重大战略思想。

二、科学发展观的丰富内涵

科学发展观是坚持以人为本，全面、协调、可持续的发展观。科学发展观具体包括以人为本的发展观、全面发展观、协调发展观、可持续发展观。以人为本，就是要把人民的利益作为一切工作的出发点和落脚点，不断满足人们的多方面需求和促进人的全面发展；全面，就是要在不断完善社会主义市场经济体制，保持经济持续快速协调健康发展的同时，加快政治文明、精神文明的建设，形成物质文明、政治文明、精神文明相互促进、共同发展的格局；协调，就是要统筹城乡协调发展、区域协调发展、经济社会协调发展、国内发展和对外开放；可持续，就是要统筹人与自然和谐发展，处理好经济建设、人口增长与资源利用、生态环境保护的关系，推动整个社会走上生产发展、生活富裕、生态良好的文明发展道路。

这次学习实践活动，是在新中国成立60年特别是改革开放30年来我国取得举世瞩目伟大成就、正在新的历史起点上向前迈进的背景下开展的，是在世情、国情、党情发生深刻变化，我国正处在改革发展关键阶段、我们面临的机遇和挑战都前所未有的背景下开展的，特别是在全党全国积极应对国际金融危机冲击、加快经济发展方式转变、保持经济平稳较快发展的背景下开展的，取得了丰硕的认识成果、实践成果、制度成果。

——胡锦涛在全党深入学习实践科学发展观活动总结大会上的讲话（2010 年 4 月 6 日）

科学发展观第一要义是发展，核心是以人为本，基本要求是全面协调可持续，根本方法是统筹兼顾。发展的意义在于它是党执政兴国的第一要义，要牢牢抓住经济建设这个中心，坚持聚精会神搞建设、一心一意谋发展，不断解放和发展社会生产力。要着力把握发展规律、创新发展理念、转变发展方式、破解发展难题，提高发展质量和效益，实现又好又快发展。以人为本要求始终把实现好、维护好、发展好最广大人民的根本利益作为党和国家一切工作的出发点和落脚点，尊重人民主体地位，发挥人民首创精神，保障人民各项权益，走共同富裕道路，促进人的全面发展，做到发展为了人民、发展依靠人民、发展成果由人民共享。全面协调可持续发展指出要按照中国特色社会主义事业总体布局，全面推进经济建设、政治建设、文化建设、社会建设，促进现代化建设各个环节、各个方面相协调，促进生产关系与生产力、上层建筑与经济基础相协调。坚持生产发展、生活富裕、生态良好的文明社会发展道路，建设资源节约型、环境友好型社会，实现速度和结构质量效益相统一、经济发展与人口资源环境相协调，使人民在良好生态环境中生产生活，实现经济社会永续发展。统筹兼顾的内涵在于要正确认识和妥善处理中国特色社会主义事业中的重大关系，统筹个人利益和集体利益、局部利益和整体利益、当前利益和长远利益，充分调动各方面积极性。既要总揽全局、统筹规划，又要抓住牵动全局的主要工作、事关群众利益的突出问题，着力推进、重点突破。

三、科学发展观的时代价值

党的十六大以后，以胡锦涛同志为主要代表的中国共产党人，团结带领全党全国各族人民，在全面建设小康社会进程中推进实践创新、理论创新、制度创新，深刻认识和回答了新形势下实现什么样的发展、怎样发展等重大问题，形成了科学发展观，抓住重要战略机遇期，聚精会神搞建设，一心一意谋发展，强调坚持以人为本、全面协调可持续发展，着力保障和改善民生，促进社会公平正义，推进党的执政能力建设和先进性建设，成功在新形势下坚持和发展了中国特色社会主义。

知识链接

2005 年，国务院常务会议强调，统筹经济、社会、环境协调发展，将经济建设和社会发展置于资源禀赋、环境容量、生态状况、人口数量等基础之上，这样的发展，才是健康和可持续的。同时明确要建立对污染受害者的法律援助机制，这体现出以人为本的思想，体现出党和国家对保障公众环境权益的重视和对弱势群体的关爱。

科学发展观是中国特色社会主义理论体系的重大创新成果。科学发展观是同马克思列宁主义、毛泽东思想、邓小平理论、“三个代表”重要思想既一脉相承又与时俱进的科学理论，是马克思主义关于发展的世界观和方法论的集中体现，是马克思主义中国化的重大成果，是中国共产党集体智慧的结晶，是发展中国特色社会主义必须长期坚持的指导思想。

第六节

习近平新时代中国特色社会主义思想实现了马克思主义中国化时代化新的飞跃

当代中国正经历着我国历史上最广泛而深刻的社会变革，也正进行着人类历史上最为宏大而独特的实践创新。十八大以来，中国特色社会主义进入新时代。面对国内外形势新变化和实践新要求，以习近平同志为主要代表的中国共产党人，坚持把马克思主义基本原理同中国具体实际相结合、同中华优秀传统文化相结合，坚持毛泽东思想、邓小平理论、“三个代表”重要思想、科学发展观，深刻总结并充分运用党成立以来的历史经验，从新的实际出发，创立了习近平新时代中国特色社会主义思想。

习近平同志对关系新时代党和国家事业发展的一系列重大理论和实践问题进行了深邃思考和科学判断，就新时代坚持和发展什么样的中国特色社会主义、怎样坚持和发展中国特色社会主义，建设什么样的社会主义现代化强国、怎样建设社会主义现代化强国，建设什么样的长期执政的马克思主义政党、怎样建设长期执政的马克思主义政党等重大时代课题，提出一系列原创性的治国理政新理念新思想新战略，科学回答了新时代坚持和发展中国特色社会主义的总目标、总任务、总体布局、战略布局和发展方向、发展方式、发展动力、战略步骤、外部条件、政治保证等基本问题，并根据新的实践对经济、政治、法治、科技、文化、教育、民生、民族、宗教、社会、生态文明、国家安全、国防和军队、“一国两制”和祖国统一、统一战线、外交、党的建设等各方面作出理论分析和政策指导，以全新的视野深化了对共产党执政规律、社会主义建设规律、人类社会发展规律的认识，为推进中国特色社会主义事业提供了科学思想指引。习近平新时代中国特色社会主义思想是在新时代的伟大实践中应运而生的，是立足时代之基、回答时代之问、引领时代之变的科学理论，实现了马克思主义中国化时代化新的飞跃。习近平同志是习近平新时代中国特色社会主义思想的主要创立者，对这一思想的创立发挥了决定性作用、作出了决定性贡献。

习近平新时代中国特色社会主义思想是对马克思列宁主义、毛泽东思想、邓小平理论、“三个代表”重要思想、科学发展观的继承和发展，是当代中国马克思主义、21世纪马克思主义，是中华文化和中国精神的时代精华，是党和人民实践经验和集体智慧的结晶，是中国特色社会主义理论体系的重要组成部分，是全党全国人民为实现中华民族伟大复兴而奋斗的行动指南，必须长期坚持并不断发展。在习近平新时代中国特色社会主义思想指导下，中国共产党领导全国各族人民，统揽伟大斗争、伟大工程、伟大事业、伟大梦想，推动中国特色社会主义进入新时代，实现了第一个百年奋斗目标，开启了实现第二个百年奋斗目标的新征程。

中国共产党人精神谱系之“两弹一星”精神

热爱祖国、无私奉献，自力更生、艰苦奋斗，大力协同、勇攀高峰

延伸阅读

“两弹一星”精神的内涵与体现

习近平同志2011年1月26日在看望航天科技专家孙家栋院士时指出：“‘两弹一星’精神激励和鼓舞了几代人，是中华民族的宝贵精神财富。”

热爱祖国、无私奉献

热爱祖国、无私奉献是创造“两弹一星”伟业的广大建设者和创业者的高贵品质和精神支柱。研制者们心有大我、至诚报国，淡泊名利、无私奉献，

自觉把个人理想与祖国命运、个人志向与民族复兴紧紧联系起来，把爱国之情、报国之志融入建设祖国的伟大事业中，融入人民创造历史伟业的伟大奋斗中。

1951 年，于敏从北大调到中国科学院近代物理所（现原子能科学研究院）。此后的 10 年，他从头学起，孜孜不倦。功夫不负有心人，他最终成为国际一流的理论物理学家。

1961 年 1 月，于敏应邀来到钱三强的办公室，接受了热核武器原理预先研究的任务，从此隐姓埋名 30 年，投入到新的神秘研究领域，从一个基础理论研究领域，一下转移到多学科、应用性强的大科学领域。这是于敏职业生涯的又一次重大转折。

为了尽快研制出我国自己的氢弹，他和同事们废寝忘食、昼夜奋战。氢弹原理非常复杂，研究中常常“山重水复疑无路”，但每个人的心头都像燃着一把火，决心赶在法国前头研制出氢弹，为祖国争光。1965 年 9 月，一场创造历史的上海“百日会战”最终打破僵局。于敏带领的团队终于形成了一套从原理、材料到构型的基本完整的物理设计方案。不久，氢弹原理试验获得成功。1967 年 6 月 17 日，我国第一颗氢弹试验圆满成功。于敏说，一个人的名字，早晚是要消失的，留取丹心照汗青，能把自己微薄的力量融入祖国的事业之中，也就非常欣慰了。

1958 年，邓稼先在钱三强的竭力推荐下，义无反顾地投身于核武器研制事业之中。从此，在公开场合，邓稼先的名字连同他的身影都销声匿迹。他成为中国第一颗原子弹的理论设计负责人，在京郊高粱地里兴建研究所，在去往罗布泊国家试验场的路上颠簸，在云雾缭绕的山区指挥核弹研制……他动员年轻大学生时说，干我们这个工作，就要甘心当无名英雄，一没有名，二没有利，还要吃苦，获得的科学成果又不许发表论文。

1963 年，中国第一颗原子弹理论设计方案按预定计划诞生。为争取时间，根据上级指示，邓稼先和他领导的理论部班子原封不动地转移到氢弹研制工作组。他克服重重困难，将自己的命运和氢弹紧紧联系在一起，为一举突破氢弹技术难关，成功试验第一颗氢弹建立卓越功勋。

他长期甘当无名英雄，为我国核武器研制事业兢兢业业、呕心沥血、孜孜不倦奋斗了 28 年。1986 年，积劳成疾的邓稼先被癌症夺去生命。在生命最后一个月里，他 28 年的秘密经历才得以披露。临终前，他所关心的仍然是如何发展我国的尖端武器，并语重心长地说："不要让人家把我们落得太远……"

在我国导弹和核武器两个试验基地，有数千名职工，他们不仅自己在戈壁沙漠工作了一辈子，许多人的第二代、第三代至今仍然留在那里。核武器事业是千百万人的事业，他们建立的功勋永载史册，他们热爱祖国、无私奉献的高贵品质，不断激励后人接续奋斗。

自力更生、艰苦奋斗

自力更生、艰苦奋斗是创造"两弹一星"伟业的广大建设者和创业者的坚强意志和立足基点。

1956 年春，中央作出发展原子弹、导弹的战略决策，中国研制导弹、原子弹的大幕徐徐拉开。

1957 年 10 月 15 日，中苏双方签订新技术协定，规定在 1957 年至 1961 年底，苏方向我国提供原子弹的教学模型和图纸资料，提供导弹的样品和技术资料等。中苏"10・15"协定签订后，中央决定组建导弹和原子弹研究院，开始实施导弹、原子弹的研究设计、试制生产、勘测靶场和建立特种试验部队的计划。当时，以钱学森为代表，包括任新民、屠守锷等在内的一批高水平的科学家很快集中到导弹研究院，仿制苏联提供的教学和科研弹。

同时，数以万计的朝鲜归国志愿军、大学毕业生、工人和技术人员，陆续来到戈壁大沙漠安营扎寨。经过两年多的苦战，导弹试验基地奇迹般地建起来了。1958 年冬，青海金银滩的核武器研制基地开始建设；1959 年春，马兰核试验基地开始建设。

当仿制 P-2 导弹的工作正按计划紧张进行，导弹已运抵发射场，一切准备工作有条不紊推进时，却发生了意想不到的情况。

1960 年 7 月 16 日，苏联政府照会我国政府，决定召回全部在华苏联专家。从 7 月中旬到 8 月下旬，苏方撤走了在导弹研究院工作的全部专家，带走了他们掌握的全部技术资料。

就在苏联专家撤走后的第 17 天，我国用国产液体燃料成功发射一枚苏制导弹。第 83 天，祖国的地平线上飞起了我国自己制造的第一枚导弹。

此后，中央决定缩短战线，集中力量，自力更生突破原子弹技术。原子弹比导弹更复杂，花费更大。中国核工业建设的速度大大出乎苏联方面的预料。

按照中苏协议，苏联答应提供原子弹教学模型和一些技术资料。此时我国迫切需要的正是这些，却等来1959年6月下旬苏方暂缓援助的通知。1959年6月这个特殊的日子，也就成为中国原子弹研发工程的代号："596"。

1966年10月下旬，在我国本土成功地进行"两弹结合"试验。通过几次重大试验，我们走出了一条不同于美苏的尖端事业发展新路子。从采矿、冶炼、加工直到最复杂的科学研究工作，都采用了各种因陋就简的办法，该精则精，能简则简，使我国尖端事业在简陋条件下以较短时间取得举世瞩目的成就。

正如我国第一颗原子弹试验的总指挥张爱萍将军精辟指出的：原子弹不是武器，它是一种精神，是中华民族自强不息的精神！

大力协同、勇攀高峰

大力协同、勇攀高峰是创造"两弹一星"伟业的广大建设者和创业者的科学态度和"两弹一星"事业取得成功的重要保证。

核武器研制与试验是一项规模大、技术复杂、综合性强的系统工程，关涉研究、生产、试验、使用各个部门。

1964年10月16日，中国第一颗原子弹爆炸成功，成为继美国、苏联、英国、法国之后，世界上第五个独立掌握核武器技术的国家。工业落后的中国在短时间内造出原子弹，靠的就是全国的大力协同，靠的就是勇攀高峰的科学精神。这也说明，集中力量办大事，是中国成功的秘密所在，是中国的优势所在。

科技工作主帅聂荣臻率先提出科研工作管理上要按"三步棋"走法来安排，即主管部门和科研单位都要树立"三步棋"的思想，一个是正在研究试制的型号，一个是正在设计的新型号，一个是正在探索的更新型号。他说："至少要看三步棋，不能走到哪算哪里。"用通俗说法总结，就是"手里干一个，眼睛看一个，脑子里想一个"。

在国防尖端项目研究"缩短战线"政策调整中，为了集中力量搞两弹，人造卫星研究悄悄退到一旁。当两弹事业告一段落，人造卫星研制也提上了日程。当时，长征一号火箭的研制举步维艰。为了确保第一颗人造卫星研制成功，1967年下半年，中央决定成立中国空间技术研究院。孙家栋临危受命，负责卫星的总体设计。他从方方面面挑选出18个搞导弹的、搞卫星且有系统工程经验的、有特长的技术骨干，承担卫星本体的研制任务。钱学森说：希望你们18个人能成为航天十八勇士，为中国的卫星，闯出一条天路来！研制第一颗卫星，是我们的初战，以后还要搞返回式卫星、载人飞船。请记住，是卫星，是国家的航天事业，把我们结合在一起。

1970 年 4 月 24 日，中国第一颗人造卫星终于发射成功，从此拉开中国人探索宇宙奥秘、和平利用太空、造福人类的序幕。

我国“两弹一星”的事业是集体的事业，它取得的每一次成功，都凝聚着千万人的奋斗和创造，辉煌和光荣属于每一个在这条战线上大力协同、勇攀高峰的无名英雄，属于全体中国人民，属于自强不息的中华民族！

（摘编自李斌：《“两弹一星”精神的内涵与体现》，《人民政协报》2018 年 1 月 25 日）

第四章

习近平新时代中国特色社会主义思想是党和国家必须长期坚持的指导思想

本章导读

习近平新时代中国特色社会主义思想是对马克思列宁主义、毛泽东思想、邓小平理论、“三个代表”重要思想、科学发展观的继承和发展，是当代中国马克思主义、21 世纪马克思主义，是中华文化和中国精神的时代精华，是党和人民实践经验和集体智慧的结晶，是中国特色社会主义理论体系的重要组成部分，是全党全国人民为实现中华民族伟大复兴而奋斗的行动指南，必须长期坚持并不断发展。

第一节

习近平新时代中国特色社会主义思想创立的时代背景

党的十八大以来，中国特色社会主义进入新时代。在带领中国人民进行伟大斗争、建设伟大工程、推进伟大事业、实现伟大梦想的历史进程中，在全面建成小康社会、开启全面建设社会主义现代化国家新征程的历史进程中，中国共产党确立了习近平总书记党中央的核心、全党的核心地位，确立了习近平新时代中国特色社会主义思想的指导地位。“两个确立”，是党在新时代取得的重大政治成果，反映了全党全军全国各族人民共同心愿，对新时代党和国家事业发展、对推进中华民族伟大复兴历史进程具有决定性意义。

习近平新时代中国特色社会主义思想，是当代中国马克思主义、二十一世纪马克思主义，是中华文化和中国精神的时代精华，实现了马克思主义中国化时代化新的飞跃，必须长期坚持并不断发展。

时代是思想之母，实践是理论之源。当代中国正经历着我国历史上最为广泛而深刻的社会变革，也正在进行着人类历史上最为宏大而独特的实践创新。这是一个需要思想理论的时代，是一个产生思想理论的时代，也是一个在伟大变革中不断推动思想理论向前发展的时代。

一、世界百年未有之大变局加速演进

世界之变、时代之变、历史之变以前所未有的方式展开，新一轮科技革命和产业变革深入发展，国际力量对比深刻调整，和平、发展、合作、共赢的历史潮流不可阻挡，“东升西降”的发展趋势日益显著。同时，世界经济复苏乏力，逆全球化思潮抬头，单边主义、保护主义明显上升，世纪疫情影响深远，局部冲突和动荡频发，全球性问题加剧，世界进入新的动荡变革期。面对复杂多变的国际环境带来的新矛盾新挑战，以习近平同志为核心的党中央深刻把握中国和世界关系的历史性变化，深刻回答“人类社会何去何从”的历史之问，既在谋求自身发展中促进世界共同发展，又在世界共同发展中推进自身发展，为解决世界经济、国际安全、全球治理等一系列重大问题提供了新的方向、新的方案、新的选择，中国国际影响力、感召力、塑造力显著提升。习近平新时代中国特色社会主义思想，正是在把握世界发展大势、维护人类共同利益、推动中国与世界携手并进的过程中创立并不断丰富发展的。

二、中华民族伟大复兴进入关键时期

在新中国成立以来特别是改革开放以来取得的重大成就的基础上，我国发展站在了新的历史起点上，社会主要矛盾发生历史性变化，我们具备过去难以想象的良好发展条件，也面临着许多前所未有的困难和问题，战略机遇和风险挑战并存、不确定难预料因素增多。行百里者半九十。中华民族伟大复兴，绝不是轻轻松松、敲锣打鼓就能实现的，我们必须准备经受风高浪急甚至惊涛骇浪的重大考验。在这个船到中流浪更急、人到半山路更陡的关键时刻，以习近平同志为核心的党中央深刻把握中华民族伟大复兴战略全局，牢牢立足社会主义初级阶段这个基本国情、最大实际，团结带领全党全国各族人民推进新时代伟大变革，如期全面建成小康社会，推动我国迈上全面建设社会主义现代化国家新征程。今天，我们比历史上任何时期都更接近、更有信心和能力实现中华民族伟大复兴的目标，实现中华民族伟大复兴进入了不可逆转的历史进程。习近平新时代中国特色社会主义思想，正是在中华民族迎来从站起来、富起来到强起来的伟大飞跃中创立并不断丰富发展的。

三、中国式现代化全面推进拓展

近代以来，现代化成为世界发展的历史潮流，实现现代化是世界各国发展普遍面临的历史任务。实践表明，世界上既不存在定于一尊的现代化模式，也不存在放之四海而皆准的现代化标准。独特的文化传统，独特的历史命运，独特的基本国情，决定了中国必然走适合自己特点的现代化道路。在长期实践过程中，党领导人民不懈探索现代化路径，取得了社会主义现代化建设的伟大成就，用几十年时间走完发达国家几百年走过的工业化历程。党的十八大以来，以习近平同志为核心的党中央团结带领全党全国各族人民，坚持以中国式现代化推进中华民族伟大复兴，在理论和实践上实现一系列创新突破，丰富和发展了人类文明新形态。中国式现代化展现了一幅现代化的全新图景，拓展了发展中国家走向现代化的路径选择，为人类对更好社会制度的探索提供了中国方案。习近平新时代中国特色社会主义思想，正是在成功推进和拓展中国式现代化、推动人类文明发展的历史进程中创立并不断丰富发展的。

四、科学社会主义在21世纪的中国焕发新的蓬勃生机

社会主义在中国的实践发展，推动中华民族实现了历史上最广泛、最深刻、最伟大的社会变革。20世纪80年代末90年代初，世界社会主义遭受严重曲折。有人宣称“20世纪将以社会主义的失败和资本主义的胜利而告终”，还有人妄称社会主义中国也将随着“多米诺骨牌效应”而倒下。但我们挺直了腰杆，顶住了冲击，经受住了考验，科学社会主义在曲折中奋起。党的十八大以来，以习近平同志为核心的党中央团结带领全党全国各族人民，以坚如磐石的战略定力、开拓创新的进取精神，推动中国特色社会主义事业取得举世瞩目的伟大成就，开创了中国特色社会主义新时代，用不可辩驳的事实彰显了科学社会主义的鲜活生命力。中国特色社会主义道路越走越宽广，使世界上正视和相信马克思主义、社会主义的人多了起来，使世界范围内两种意识形态、两种社会制度的历史演进及其较量发生了有利于马克思主义、社会主义的重大转变。习近平新时代中国特色社会主义思想，正是在对科学社会主义理论与实践的深邃思考、深刻总结，对坚持和发展中国特色社会主义的不懈探索、砥砺前行中创立并不断丰富发展的。

五、中国共产党自我革命开辟新的境界

治理好我们这个大党和大国，必须坚持党的全面领导特别是党中央集中

统一领导，发扬党的自我革命精神，解决好大党独有难题。先进的马克思主义政党不是天生的，而是在不断自我革命中淬炼而成的。党历经百年沧桑更加充满活力，其奥秘就在于始终坚持真理、修正错误。一个时期，党内曾存在不少对坚持党的领导认识模糊、行动乏力问题，一些地方和单位管党不力、治党不严，导致党内问题越积越多，严重损害党的形象、侵蚀党的执政基础。以习近平同志为核心的党中央勇于面对党面临的重大风险考验和党内存在的突出问题，坚定不移坚持和加强党的全面领导，坚定不移推进全面从严治党，深入推进新时代党的建设新的伟大工程，以顽强意志品质正风肃纪、反腐惩恶，找到了自我革命这个跳出治乱兴衰历史周期率的第二个答案，管党治党宽松软状况得到根本扭转，我们这个拥有九千六百多万名党员的马克思主义政党更加团结统一、更加坚强有力。习近平新时代中国特色社会主义思想，正是在党不断实现自我净化、自我完善、自我革新、自我提高，以伟大自我革命引领伟大社会革命的过程中创立并不断丰富发展的。

习近平新时代中国特色社会主义思想，在新时代伟大实践中创立，随新时代伟大变革而发展，是新时代中国共产党的思想旗帜，是全党全国人民为实现中华民族伟大复兴而奋斗的行动指南，是新时代党和国家事业发展的根本遵循。

第二节

习近平新时代中国特色社会主义思想开辟了马克思主义中国化时代化新境界

中国共产党为什么能，中国特色社会主义为什么好，归根到底是马克思主义行，是中国化时代化的马克思主义行。在不断推进马克思主义中国化时代化的历史进程中，中国共产党人深刻认识到，只有把马克思主义基本原理同中国具体实际相结合、同中华优秀传统文化相结合，坚持运用辩证唯物主义和历史唯物主义，才能正确回答时代和实践提出的重大问题，才能始终保持马克思主义的蓬勃生机和旺盛活力。

以毛泽东同志为主要代表的中国共产党人，把马克思列宁主义的基本原理同中国革命的具体实践结合起来，创立了毛泽东思想。毛泽东思想是马克思列宁主义在中国的运用和发展，是被实践证明了的关于中国革命和建设的正确的理论原则和经验总结。

以邓小平同志为主要代表的中国共产党人，解放思想，实事求是，开辟了社会主义事业发展的新时期，逐步形成了建设中国特色社会主义的路线、方针、政策，阐明了在中国建设社会主义、巩固和发展社会主义的基本问题，创立了邓小平理论。

以江泽民同志为主要代表的中国共产党人，在建设中国特色社会主义的实践中，加深了对什么是社会主义、怎样建设社会主义和建设什么样的党、怎样建设党的认识，积累了治党治国新的宝贵经验，形成了“三个代表”重要思想。

以胡锦涛同志为主要代表的中国共产党人，坚持以邓小平理论和“三个代表”重要思想为指导，根据新的发展要求，深刻认识和回答了实现什么样的发展、怎样发展等重大问题，形成了以人为本、全面协调可持续发展的科学发展观。

党的十八大以来，以习近平同志为主要代表的中国共产党人，顺应时代要求，结合新的实际，科学回答了新时代坚持和发展什么样的中国特色社会主义、怎样坚持和发展中国特色社会主义，建设什么样的社会主义现代化强国、怎样建设社会主义现代化强国，建设什么样的长期执政的马克思主义政党、怎样建设长期执政的马克思主义政党等重大时代课题，创立了习近平新时代中国特色社会主义思想。习近平新时代中国特色社会主义思想，继承和发展马克思列宁主义、毛泽东思想、邓小平理论、“三个代表”重要思想、科学发展观，凝结着党和人民实践经验和集体智慧，以全新的视野深化了对共产党执政规律、社会主义建设规律、人类社会发展规律的认识，开辟了马克思主义中国化时代化新境界。

习近平总书记是习近平新时代中国特色社会主义思想的主要创立者。在领导全党全国各族人民推进党和国家事业的实践中，习近平总书记以马克思主义政治家、思想家、战略家的历史主动精神、非凡理论勇气、卓越政治智慧、强烈使命担当，以“我将无我，不负人民”的赤子情怀，应时代之变迁、立时代之潮头、发时代之先声，提出一系列原创性的治国理政新理念新思想新战略，为习近平新时代中国特色社会主义思想的创立和发展发挥了决定性作用、作出了决定性贡献。

坚持不懈用新时代中国特色社会主义思想凝心铸魂。用党的创新理论武装全党是党的思想建设的根本任务。全面加强党的思想建设，坚持用新时代中国特色社会主义思想统一思想、统一意志、统一行动，组织实施党的创新理论学习教育计划，建设马克思主义学习型政党。加强理想信念教育，引导全党牢记党的宗旨，解决好世界观、人生观、价值观这个总开关问题，自觉做共产主义远大理想和中国特色社会主义共同理想的坚定信仰者和忠实实践者。坚持学思用贯通、知信行统一，把新时代中国特色社会主义思想转化为坚定理想、锤炼党性和指导实践、推动工作的强大力量。坚持理论武装同常态化长效化开展党史学习教育相结合，引导党员、干部不断学史明理、学史增信、学史崇德、学史力行，传承红色基因，赓续红色血脉。以县处级以上领导干部为重点在全党深入开展主题教育。

——习近平：《高举中国特色社会主义伟大旗帜，为全面建设社会主义现代化国家而团结奋斗——在中国共产党第二十次全国代表大会上的报告》（2022 年 10 月 16 日）

第三节
习近平新时代中国特色社会主义思想的丰富内涵

习近平新时代中国特色社会主义思想，坚持马克思主义立场观点方法，坚持科学社会主义基本原则，深刻总结和充分运用党百年奋斗的历史经验，继承弘扬中华优秀传统文化精华，根据时代和实践发展变化，以崭新的思想内容丰富发展了马克思主义，形成了系统科学的理论体系。习近平新时代中国特色社会主义思想内涵十分丰富，涵盖新时代坚持和发展中国特色社会主义的总目标、总任务、总体布局、战略布局和发展方向、发展方式、发展动力、战略步骤、外部条件、政治保证等基本问题，并根据新的实践对党的领导和党的建设、经济、政治、法治、科技、文化、教育、民生、民族、宗教、社会、生态文明、国家安全、国防和军队、“一国两制”和祖国统一、统一战线、外交等各方面作出新的理论概括和战略指引。

党的十九大、十九届六中全会提出的“十个明确”“十四个坚持”“十三个方面成就”概括了习近平新时代中国特色社会主义思想的主要内容。党的二十大提出“六个必须坚持”，概括阐述了习近平新时代中国特色社会主义思想的世界观、方法论和贯穿其中的立场观点方法。

一、“十个明确”

——明确中国特色社会主义最本质的特征是中国共产党领导，中国特色社会主义制度的最大优势是中国共产党领导，中国共产党是最高政治领导力量，全党必须增强“四个意识”、坚定“四个自信”、做到“两个维护”。

——明确坚持和发展中国特色社会主义，总任务是实现社会主义现代化和中华民族伟大复兴，在全面建成小康社会的基础上，分两步走在本世纪中叶建成富强民主文明和谐美丽的社会主义现代化强国，以中国式现代化推进中华民族伟大复兴。

——明确新时代我国社会主要矛盾是人民日益增长的美好生活需要和不平衡不充分的发展之间的矛盾，必须坚持以人民为中心的发展思想，发展全过程人民民主，推动人的全面发展、全体人民共同富裕取得更为明显的实质性进展。

——明确中国特色社会主义事业总体布局是经济建设、政治建设、文化建设、社会建设、生态文明建设五位一体，战略布局是全面建设社会主义现代化国家、全面深化改革、全面依法治国、全面从严治党四个全面。

——明确全面深化改革总目标是完善和发展中国特色社会主义制度、推进国家治理体系和治理能力现代化。

——明确全面推进依法治国总目标是建设中国特色社会主义法治体系、建设社会主义法治国家。

——明确必须坚持和完善社会主义基本经济制度，使市场在资源配置中起决定性作用，更好发挥政府作用，把握新发展阶段，贯彻创新、协调、绿色、开放、共享的新发展理念，加快构建以国内大循环为主体、国内国际双循环相互促进的新发展格局，推动高质量发展，统筹发展和安全。

——明确党在新时代的强军目标是建设一支听党指挥、能打胜仗、作风优良的人民军队，把人民军队建设成为世界一流军队。

——明确中国特色大国外交要服务民族复兴、促进人类进步，推动建设新型国际关系，推动构建人类命运共同体。

——明确全面从严治党的战略方针，提出新时代党的建设总要求，全面推进党的政治建设、思想建设、组织建设、作风建设、纪律建设，把制度建设贯穿其中，深入推进反腐败斗争，落实管党治党政治责任，以伟大自我革命引领伟大社会革命。

二、“十四个坚持”

——坚持党对一切工作的领导。党政军民学，东西南北中，党是领导一切的。必须增强政治意识、大局意识、核心意识、看齐意识，自觉维护党中央权威和集中统一领导，自觉在思想上政治上行动上同党中央保持高度一致，完善坚持党的领导的体制机制，坚持稳中求进工作总基调，统筹推进“五位一体”总体布局，协调推进“四个全面”战略布局，提高党把方向、谋大局、定政策、促改革的能力和定力，确保党始终总揽全局、协调各方。

——坚持以人民为中心。人民是历史的创造者，是决定党和国家前途命运的根本力量。必须坚持人民主体地位，坚持立党为公、执政为民，践行全心全意为人民服务的根本宗旨，把党的群众路线贯彻到治国理政全部活动之中，把人民对美好生活的向往作为奋斗目标，依靠人民创造历史伟业。

——坚持全面深化改革。只有社会主义才能救中国，只有改革开放才能发展中国、发展社会主义、发展马克思主义。必须坚持和完善中国特色社会主义制度，不断推进国家治理体系和治理能力现代化，坚决破除一切不合时宜的思想观念和体制机制弊端，突破利益固化的藩篱，吸收人类文明有益成果，构建系统完备、科学规范、运行有效的制度体系，充分发挥我国社会主义制度优越性。

——坚持新发展理念。发展是解决我国一切问题的基础和关键，发展必须是科学发展，必须坚定不移贯彻创新、协调、绿色、开放、共享的发展理念。必须坚持和完善我国社会主义基本经济制度和分配制度，毫不动摇巩固和发展公有制经济，毫不动摇鼓励、支持、引导非公有制经济发展，使市场在资源配置中起决定性作用，更好发挥政府作用，推动新型工业化、信息化、城镇化、农业现代化同步发展，主动参与和推动经济全球化进程，发展更高层次的开放型经济，不断壮大我国经济实力和综合国力。

——坚持人民当家作主。坚持党的领导、人民当家作主、依法治国有机统一是社会主义政治发展的必然要求。必须坚持中国特色社会主义政治发展道路，坚持和完善人民代表大会制度、中国共产党领导的多党合作和政治协商制度、民族区域自治制度、基层群众自治制度，巩固和发展最广泛的爱国统一战线，发展社会主义协商民主，健全民主制度，丰富民主形式，拓宽民主渠道，保证人民当家作主落实到国家政治生活和社会生活之中。

——坚持全面依法治国。全面依法治国是中国特色社会主义的本质要求和重要保障。必须把党的领导贯彻落实到依法治国全过程和各方面，坚定不移走中国特色社会主义法治道路，完善以宪法为核心的中国特色社会主义法律体系，建设中国特色社会主义法治体系，建设社会主义法治国家，发展中国特色社会主义法治理论，坚持依法治国、依法执政、依法行政共同推进，坚持法治国家、法治政府、法治社会一体建设，坚持依法治国和以德治国相结合，依法治国和依规治党有机统一，深化司法体制改革，提高全民族法治素养和道德素质。

——坚持社会主义核心价值体系。文化自信是一个国家、一个民族发展中更基本、更深沉、更持久的力量。必须坚持马克思主义，牢固树立共产主义远大理想和中国特色社会主义共同理想，培育和践行社会主义核心价值观，不断增强意识形态领域主导权和话语权，推动中华优秀传统文化创造性转化、创新性发展，继承革命文化，发展社会主义先进文化，不忘本来、吸收外来、面向未来，更好构筑中国精神、中国价值、中国力量，为人民提供精神指引。

——坚持在发展中保障和改善民生。增进民生福祉是发展的根本目的。必须多谋民生之利、多解民生之忧，在发展中补齐民生短板、促进社会公平正义，在幼有所育、学有所教、劳有所得、病有所医、老有所养、住有所居、弱有所扶上不断取得新进展，深入开展脱贫攻坚，保证全体人民在共建共享发展中有更多获得感，不断促进人的全面发展、全体人民共同富裕。建设平安中国，加强和创新社会治理，维护社会和谐稳定，确保国家长治久安、人民安居乐业。

——坚持人与自然和谐共生。建设生态文明是中华民族永续发展的千年大计。必须树立和践行绿水青山就是金山银山的理念，坚持节约资源和保护环境的基本国策，像对待生命一样对待生态环境，统筹山水林田湖草系统治理，实行最严格的生态环境保护制度，形成绿色发展方式和生活方式，坚定走生产发展、生活富裕、生态良好的文明发展道路，建设美丽中国，为人民创造良好生产生活环境，为全球生态安全作出贡献。

——坚持总体国家安全观。统筹发展和安全，增强忧患意识，做到居安思危，是我们党治国理政的一个重大原则。必须坚持国家利益至上，以人民安全为宗旨，以政治安全为根本，统筹外部安全和内部安全、国土安全和国民安全、传统安全和非传统安全、自身安全和共同安全，完善国家安全制度体系，加强国家安全能力建设，坚决维护国家主权、安全、发展利益。

——坚持党对人民军队的绝对领导。建设一支听党指挥、能打胜仗、作风优良的人民军队，是实现"两个一百年"奋斗目标、实现中华民族伟大复兴的战略支撑。必须全面贯彻党领导人民军队的一系列根本原则和制度，确立新时代党的强军思想在国防和军队建设中的指导地位，坚持政治建军、改革强军、科技兴军、依法治军，更加注重聚焦实战，更加注重创新驱动，更加注重体系建设，更加注重集约高效，更加注重军民融合，实现党在新时代的强军目标。

——坚持"一国两制"和推进祖国统一。保持香港、澳门长期繁荣稳定，实现祖国完全统一，是实现中华民族伟大复兴的必然要求。必须把维护中央对香港、澳门特别行政区全面管治权和保障特别行政区高度自治权有机结合起来，确保"一国两制"方针不会变、不动摇，确保"一国两制"实践不变形、不走样。必须坚持一个中国原则，坚持"九二共识"，推动两岸关系和平发展，深化两岸经济合作和文化往来，推动两岸同胞共同反对一切分裂国家的活动，共同为实现中华民族伟大复兴而奋斗。

——坚持推动构建人类命运共同体。中国人民的梦想同各国人民的梦想息息相通，实现中国梦离不开和平的国际环境和稳定的国际秩序。必须统筹国内国际两个大局，始终不渝走和平发展道路、奉行互利共赢的开放战略，坚持正确义利观，树立共同、综合、合作、可持续的新安全观，谋求开放创新、包容互惠的发展前景，促进和而不同、兼收并蓄的文明交流，构筑尊崇自然、绿色发展的生态体系，始终做世界和平的建设者、全球发展的贡献者、国际秩序的维护者。

——坚持全面从严治党。勇于自我革命，从严管党治党，是我们党最鲜明的品格。必须以党章为根本遵循，把党的政治建设摆在首位，思想建党和制度治党同向发力，统筹推进党的各项建设，抓住“关键少数”，坚持“三严三实”，坚持民主集中制，严肃党内政治生活，严明党的纪律，强化党内监督，发展积极健康的党内政治文化，全面净化党内政治生态，坚决纠正各种不正之风，以零容忍态度惩治腐败，不断增强党自我净化、自我完善、自我革新、自我提高的能力，始终保持党同人民群众的血肉联系。

三、“十三个方面成就”

《中共中央关于党的百年奋斗重大成就和历史经验的决议》（2021 年 11 月 11 日中国共产党第十九届中央委员会第六次全体会议审议通过）指出，党的十八大以来，以习近平同志为核心的党中央“推动党和国家事业取得历史性成就、发生历史性变革”，并从十三个方面对此进行了全面深刻的阐述。

“十三个方面成就”就是在坚持党的全面领导、全面从严治党、经济建设、全面深化改革开放、政治建设、全面依法治国、文化建设、社会建设、生态文明建设、国防和军队建设、维护国家安全、坚持“一国两制”和推进祖国统一、外交工作等方面取得的历史性成就和发生的历史性变革。

《中国共产党第十九届中央委员会第六次全体会议公报》（2021 年 11 月 11 日中国共产党第十九届中央委员会第六次全体会议通过）指出：

党的十八大以来，在坚持党的全面领导上，党中央权威和集中统一领导得到有力保证，党的领导制度体系不断完善，党的领导方式更加科学，全党思想上更加统一、政治上更加团结、行动上更加一致，党的政治领导力、思想引领力、群众组织力、社会号召力显著增强。

在全面从严治党上，党的自我净化、自我完善、自我革新、自我提高能力显著增强，管党治党宽松软状况得到根本扭转，反腐败斗争取得压倒性胜利并全面巩固，党在革命性锻造中更加坚强。

在经济建设上，我国经济发展平衡性、协调性、可持续性明显增强，国家经济实力、科技实力、综合国力跃上新台阶，我国经济迈上更高质量、更有效率、更加公平、更可持续、更为安全的发展之路。

在全面深化改革开放上，党不断推动全面深化改革向广度和深度进军，中国特色社会主义制度更加成熟更加定型，国家治理体系和治理能力现代化水平不断提高，党和国家事业焕发出新的生机活力。

在政治建设上，积极发展全过程人民民主，我国社会主义民主政治制度化、规范化、程序化全面推进，中国特色社会主义政治制度优越性得到更好发挥，生动活泼、安定团结的政治局面得到巩固和发展。

在全面依法治国上，中国特色社会主义法治体系不断健全，法治中国建设迈出坚实步伐，党运用法治方式领导和治理国家的能力显著增强。

在文化建设上，我国意识形态领域形势发生全局性、根本性转变，全党全国各族人民文化自信明显增强，全社会凝聚力和向心力极大提升，为新时代开创党和国家事业新局面提供了坚强思想保证和强大精神力量。

在社会建设上，人民生活全方位改善，社会治理社会化、法治化、智能化、专业化水平大幅度提升，发展了人民安居乐业、社会安定有序的良好局面，续写了社会长期稳定奇迹。

在生态文明建设上，党中央以前所未有的力度抓生态文明建设，美丽中国建设迈出重大步伐，我国生态环境保护发生历史性、转折性、全局性变化。

在国防和军队建设上，人民军队实现整体性革命性重塑、重整行装再出发，国防实力和经济实力同步提升，人民军队坚决履行新时代使命任务，以顽强斗争精神和实际行动捍卫了国家主权、安全、发展利益。

在维护国家安全上，国家安全得到全面加强，经受住了来自政治、经济、意识形态、自然界等方面的风险挑战考验，为党和国家兴旺发达、长治久安提供了有力保证。

在坚持“一国两制”和推进祖国统一上，党中央采取一系列标本兼治的举措，坚定落实“爱国者治港”“爱国者治澳”，推动香港局势实现由乱到治的重大转折，为推进依法治港治澳、促进“一国两制”实践行稳致远打下了坚实基础；坚持一个中国原则和“九二共识”，坚决反对“台独”分裂行径，坚决反对外部势力干涉，牢牢把握两岸关系主导权和主动权。

在外交工作上，中国特色大国外交全面推进，构建人类命运共同体成为引领时代潮流和人类前进方向的鲜明旗帜，我国外交在世界大变局中开创新局、在世界乱局中化危为机，我国国际影响力、感召力、塑造力显著提升。中国共产党和中国人民以英勇顽强的奋斗向世界庄严宣告，中华民族迎来了从站起来、富起来到强起来的伟大飞跃。

四、“六个必须坚持”

——必须坚持人民至上。人民性是马克思主义的本质属性，党的理论是来自人民、为了人民、造福人民的理论，人民的创造性实践是理论创新的不竭源泉。一切脱离人民的理论都是苍白无力的，一切不为人民造福的理论都是没有生命力的。我们要站稳人民立场、把握人民愿望、尊重人民创造、集中人民智慧，形成为人民所喜爱、所认同、所拥有的理论，使之成为指导人民认识世界和改造世界的强大思想武器。

——必须坚持自信自立。中国人民和中华民族从近代以后的深重苦难走向伟大复兴的光明前景，从来就没有教科书，更没有现成答案。党的百年奋斗成功道路是党领导人民独立自主探索开辟出来的，马克思主义的中国篇章是中国共产党人依靠自身力量实践出来的，贯穿其中的一个基本点就是中国的问题必须从中国基本国情出发，由中国人自己来解答。我们要坚持对马克思主义的坚定信仰、对中国特色社会主义的坚定信念，坚定道路自信、理论自信、制度自信、文化自信，以更加积极的历史担当和创造精神为发展马克思主义作出新的贡献，既不能刻舟求剑、封闭僵化，也不能照抄照搬、食洋不化。

——必须坚持守正创新。我们从事的是前无古人的伟大事业，守正才能不迷失方向、不犯颠覆性错误，创新才能把握时代、引领时代。我们要以科学的态度对待科学、以真理的精神追求真理，坚持马克思主义基本原理不动摇，坚持党的全面领导不动摇，坚持中国特色社会主义不动摇，紧跟时代步伐，顺应实践发展，以满腔热忱对待一切新生事物，不断拓展认识的广度和深度，敢于说前人没有说过的新话，敢于干前人没有干过的事情，以新的理论指导新的实践。

——必须坚持问题导向。问题是时代的声音，回答并指导解决问题是理论的根本任务。今天我们所面临问题的复杂程度、解决问题的艰巨程度明显加大，给理论创新提出了全新要求。我们要增强问题意识，聚焦实践遇到的新问题、改革发展稳定存在的深层次问题、人民群众急难愁盼问题、国际变局中的重大问题、党的建设面临的突出问题，不断提出真正解决问题的新理念新思路新办法。

——必须坚持系统观念。万事万物是相互联系、相互依存的。只有用普遍联系的、全面系统的、发展变化的观点观察事物，才能把握事物发展规律。我国是一个发展中大国，仍处于社会主义初级阶段，正在经历广泛而深刻的社会变革，推进改革发展、调整利益关系往往牵一发而动全身。我们要善于通过历史看现实、透过现象看本质，把握好全局和局部、当前和长远、宏观和微观、主要矛盾和次要矛盾、特殊和一般的关系，不断提高战略思维、历史思维、辩证思维、系统思维、创新思维、法治思维、底线思维能力，为前瞻性思考、全局性谋划、整体性推进党和国家各项事业提供科学思想方法。

——必须坚持胸怀天下。中国共产党是为中国人民谋幸福、为中华民族谋复兴的党，也是为人类谋进步、为世界谋大同的党。我们要拓展世界眼光，深刻洞察人类发展进步潮流，积极回应各国人民普遍关切，为解决人类面临的共同问题作出贡献，以海纳百川的宽阔胸襟借鉴吸收人类一切优秀文明成果，推动建设更加美好的世界。

“十个明确”“十四个坚持”“十三个方面成就”“六个必须坚持”内在贯通、有机统一，凝结着我们党认识世界、改造世界的宝贵经验和重大成果，体现了理论与实际相结合、认识论和方法论相统一的鲜明特色，共同构成了习近平新时代中国特色社会主义思想的科学体系。这一科学体系逻辑严密、内涵丰富、系统全面、博大精深，贯通马克思主义哲学、马克思主义政治经济学、科学社会主义，贯通历史、现实和未来，贯通改革发展稳定、内政外交国防、治党治国治军等各领域，既坚持了老祖宗，又讲了很多新话，为丰富发展马克思主义作出了原创性贡献，为传承发展中华优秀传统文化作出了历史性贡献，为推动人类文明进步事业作出了世界性贡献。

第四节

必须坚持习近平新时代中国特色社会主义思想指导地位不动摇

新思想指导新实践，新思想引领新征程。新时代党和国家事业之所以取得历史性成就、发生历史性变革，最根本的原因在于有习近平总书记作为党中央的核心、全党的核心掌舵领航，在于有习近平新时代中国特色社会主义思想科学指引。

新时代以来，以习近平同志为核心的党中央统筹中华民族伟大复兴战略全局和世界百年未有之大变局，全面贯彻党的基本理论、基本路线、基本方略，统揽伟大斗争、伟大工程、伟大事业、伟大梦想，采取一系列战略性举措，推进一系列变革性实践，实现一系列突破性进展，取得一系列标志性成果，经受住了来自政治、经济、意识形态、自然界等方面的风险挑战考验，攻克了许多长期没有解决的难题，办成了许多事关长远的大事要事，续写了经济快速发展和社会长期稳定两大奇迹，创造了新时代中国特色社会主义的伟大成就。

习近平新时代中国特色社会主义思想，植根于新时代坚持和发展中国特色社会主义的伟大实践，坚持理论指导和实践探索相统一，在指导实践、推动实践中展现出巨大真理力量和独特思想魅力，是经过实践检验、富有实践伟力的强大思想武器。习近平新时代中国特色社会主义思想是不断发展的开放的理论，在向着实现第二个百年奋斗目标进军的新征程中，必将随着党的新的伟大事业和党的建设新的伟大工程的深入推进，随着强国建设、民族复兴伟业的全面拓展而持续发展、不断丰富、更加完善。

在当代中国，坚持和发展习近平新时代中国特色社会主义思想，就是真正坚持和发展马克思主义，就是真正坚持和发展科学社会主义。必须高举马克思主义、中国特色社会主义旗帜不动摇，必须坚持习近平新时代中国特色社会主义思想指导地位不动摇！

中国共产党人精神谱系——伟大建党精神

坚持真理、坚守理想，践行初心、担当使命，不怕牺牲、英勇斗争，对党忠诚、不负人民

延伸阅读

尽善尽美唯解放

贫富阶级见疆场，尽善尽美唯解放。
潍水泥沙统入海，乔有麓下看沧桑。

——王尽美《肇在造化——赠友人》

这是中共一大代表、山东共产党早期组织创始人王尽美，在参加中共一大后写下的著名诗篇，并由王瑞俊改名为王尽美，更加坚定地表达了为实现尽善尽美的共产主义崇高理想而献身革命的信心和决心。王尽美不仅是中华民族的优秀儿女，也是中国共产党早期著名领导人和优秀代表，他把短暂的一生无私地奉献给了中国人民的解放事业，为了人民的利益鞠躬尽瘁，死而后已，模范践行了为共产主义事业而奋斗终身的光辉誓言。

“耳朵大，长方脸，细高挑，说话沉着大方，很有口才，大家都亲切地叫他‘王大耳’。”这是毛泽东对王尽美的印象。新中国成立后毛泽东在青岛视察工作时，曾特意向当地领导同志讲起王尽美，说：“你们山东有个王尽美，是个好同志”，并要求照顾好王尽美的母亲和家属的生活。

1961 年 8 月 21 日，董必武视察南方途经山东时，也写下了怀念王尽美的诗句。“四十年前会上逢，南湖舟泛语从容。济南名士知多少，君与恩铭不老松。”

这首诗充分体现了董老对于同为中共一大代表的王尽美和邓恩铭的无限怀念和真挚情感。

王尽美，原名瑞俊，1898 年出生在山东诸城北杏村。他家境贫寒，幼年在地主家陪读，后于诸城枳沟高小毕业。他勤奋好学，酷爱进步书刊，关心国家大事，很早就萌发了民主主义与救国救民的思想。1918 年考入山东省立第一师范学校。

1919 年五四运动爆发，山东各界积极响应，为声援北京学生的爱国行为，取消日本强加给中国的“二十一条”，王尽美走出书斋，积极联络济南其他学校的学生，建立反日爱国组织，成为当时山东学生界杰出的领袖。

1920 年 9 月，王尽美、邓恩铭和济南育英中学进步教师王翔千在济南成立了马克思学说研究会，并和北京马克思学说研究会负责人李大钊建立了联系。同年 11 月，发起组织“励新学会”，创办《励新》半月刊，以“研究学理，促进文化”为宗旨，不断开展各种学术活动，宣传新文化、新思想，传播马克思主义。1921 年春天，济南共产党早期组织成立，成为中国共产党八个早期组织之一。

中共一大召开前后的很长一段时间，党的主要任务就是向广大群众宣传马克思主义。王尽美和邓恩铭把这一时期的宣传工作搞得有声有色。1922 年 7 月，王尽美创办了《山东劳动周刊》，这是中国劳动组合书记部山东支部的机关刊物，由他亲自担任主编。1923 年之后，他又参与主办了《晨钟报》《现代青年》《十日》等报刊，并为这些报刊亲自撰写了许多重要文章和社论。他的文章论理正确深刻，文笔生动清新，严厉揭露了黑暗势力的各种罪行及其伪善面目，唤醒了沉睡的人民群众，极大鼓舞了工人阶级和广大劳动群众同反动派进行殊死斗争的勇气。

王尽美多才多艺，除了能写一手好文章，还是一位作歌谱曲的能手。为了宣传革命道理，教育人民群众，王尽美编写了适合不同阶级的歌谣。当时在工人群众中流传着这样一首歌谣：“工人白劳动，厂主吸血虫；工人无政权，世道太不公；工人站起来，革命打先锋。”他为农民群众编写的歌谣是：“穷汉白劳动，财主寄生虫；贫穷并非命，世道太不公；农民擦亮眼，革命天才明！”这些歌谣思想明确，道理深入浅出，文字通俗易懂，朗朗上口，在群众中流传颇广，发挥了很好的宣传作用。

从1922年秋至1923年2月，王尽美以劳动组合书记总部特派员的身份，到山海关、秦皇岛等地领导工人运动。首先组织领导了京奉铁路山海关铁路工厂工人大罢工，并取得了斗争的胜利。随后又参与领导了秦皇岛码头工人和开滦五矿工人的罢工斗争。

1925年2月，中共山东地方执行委员会在济南成立，王尽美任委员，负责组织工作。在这段时间里，王尽美奔走于齐鲁大地，在他的领导和帮助下，青岛、青州、寿光、广饶等城市和农村相继建立起中共支部和小组。王尽美以极大的政治热情和忘我的工作态度，夜以继日，奔走呼号，促进了山东地方党组织的发展。山东党组织、广大党员和人民群众称王尽美为马克思主义在山东的传播者、山东工人运动的组织领导者、山东党组织创始人之一。

长年的奔波，艰苦的生活条件，忘我的工作，使王尽美的身体受到很大影响。1924年10月，他染上了肺结核。但革命意志坚定的王尽美，将个人生死置之度外，仍然顽强地工作。

1925年春天，在青岛党组织的领导下，工人运动逐渐兴起，由自发到自觉，由经济斗争发展到政治斗争，工人运动出现了第一次高潮。王尽美这段时间长住青岛，不顾病痛折磨，和邓恩铭等同志一起领导罢工。

1925年7月，王尽美病情不断恶化，住进青岛的医院。病榻之上他仍然牵挂着战友和未竟的革命事业。在病房里，王尽美忍着病痛，把养病期间思考的问题、总结的经验教训告知邓恩铭。

1925年8月19日，年仅27岁的王尽美走完了短暂的人生之路。临终前，王尽美委托中共青岛支部的负责同志笔录了他口授的遗嘱："希望全体同志要好好工作。为无产阶级和全人类的解放和共产主义的彻底实现而奋斗到底！"

（摘编自吕延勤、赵金飞主编《红船精神》（中国共产党革命精神系列读本），中共党史出版社，2017，第154−157页）

第五章

中国共产党的组织、纪律和作风

本章导读

党是根据自己的纲领和章程，按照民主集中制组织起来的统一整体。民主集中制是党的根本组织原则和领导制度。

党的纪律是党的各级组织和全体党员必须遵守的行为规则，是维护党的团结统一、完成党的任务的保证。党组织必须严格执行和维护党的纪律，共产党员必须自觉接受党的纪律的约束。

党风问题关系执政党的生死存亡。作风建设永远在路上。

第一节
中国共产党的组织

我们党是按照马克思主义建党原则建立起来的，形成了包括党的中央组织、地方组织、基层组织在内的严密组织体系。民主集中制是党的根本组织原则和领导制度。

一、民主集中制是党的根本组织原则和领导制度

（一）民主集中制的定义

民主集中制，就是民主基础上的集中和集中指导下的民主相结合的制度，它是中国共产党在长期革命、建设和改革实践中始终坚持的根本组织原则，是党的群众路线在党的生活中的运用，是党内政治生活正常开展的重要制度保障。

民主集中制是党的根本组织原则和领导制度，也是党最重要的组织纪律和政治纪律。

知识链接

新时代党的组织路线

全面贯彻习近平新时代中国特色社会主义思想，以组织体系建设为重点，着力培养忠诚干净担当的高素质干部，着力集聚爱国奉献的各方面优秀人才，坚持德才兼备、以德为先、任人唯贤，为坚持和加强党的全面领导、坚持和发展中国特色社会主义提供坚强组织保证。

（二）民主集中制的发展

民主集中制是马克思主义政党的伟大创造之一，是随着马克思主义政党的产生而产生，随着实践的发展而发展的。1847 年，马克思、恩格斯在创建“共产主义者同盟”时，就在同盟章程中对如何实行民主、如何实行集中作了若干具体规定，奠定了民主集中制的基础。1906 年，俄国社会民主工党（苏联共产党的前身）在列宁的领导下把民主集中制作为党的组织原则，正式写入党章。

民主集中制既是党的根本组织原则，也是群众路线在党的生活中的运用。中国共产党从诞生之日起，就把民主集中制作为自己的组织原则，并用于指导党的全部活动，且在长期实践过程中，不仅坚持了民主集中制原则，而且创造性地发展了民主集中制的理论和实践，形成了我们党在组织建设上的鲜明特征和强大优势。在中华人民共和国成立、党在全国执政以后，这种科学合理的制度又被运用于国家政权建设，在国家机构中实行民主集中制原则，形成了有中国特色的社会主义政治制度。1927 年 6 月，中共中央政治局会议通过的《中国共产党第三次修正章程决案》中明确规定：党部的指导原则是民主集中制。中共六大通过的党章规定，党的“组织原则为民主集中制”。中共七大通过的党章规定：“民主的集中制，即是在民主基础上的集中和集中领导下的民主。”1956 年中共八大党章沿用七大党章对民主集中制的定义，只是根据形势和工作任务的变化，将“领导”改为“指导”。党的十四大以后的党章规定：民主集中制是民主基础上的集中和集中指导下的民主相结合。

在不同的历史时期，党的领导人对民主集中制有过深刻的阐述。1937 年，毛泽东同志在同英国记者贝特兰的谈话中指出：“政府的组织形式是民主集中制，它是民主的，又是集中的，将民主和集中两个似乎相冲突的东西，在一定形式上统一起来。”[①]1962 年，邓小平同志把民主集中制上升到党和国家根本制度的高度来认识，他指出：“民主集中制是党和国家的最根本的制度，也是我们传统的制度。坚持这个传统的制度，并且使它更加完善起来，是十

① 《毛泽东选集》（第二卷），人民出版社，1991，第 383 页。

分重要的事情，是关系我们党和国家命运的事情。”[①]1997 年，江泽民同志在党的十五大报告中深刻阐述了在改革开放和发展社会主义市场经济的条件下坚持和健全民主集中制的必要性和重要性，提出了完善和发展民主集中制的具体要求。[②] 胡锦涛同志在党的十八大报告中强调：“要坚持民主集中制，健全党内民主制度体系，以党内民主带动人民民主。”[③]

进入新时代，习近平同志深刻论述：“民主集中制是我们党的根本组织原则和领导制度，是马克思主义政党区别于其他政党的重要标志。”[④]2013 年 11 月颁布的《中央党内法规制定工作五年规划纲要（2013—2017 年）》，首次提出党内法规建设要坚持“宪法为上，党章为本”的原则，改变过去把民主集中制放在党内组织建设或者政治建设中论述的惯例，专门单列一部分，同组织建设并列，强调抓紧建立健全民主集中制的具体制度，着力构建党内民主制度体系，切实推动民主集中制具体化、程序化，真正把民主集中制重大原则落到实处。坚持民主集中制，是马克思主义政党区别于其他政党的重要标志，也是我们党始终维护团结统一、作出科学决策、凝聚前进力量的重要法宝。

（三）民主集中制的基本原则

党章第二章第十条规定：“党是根据自己的纲领和章程，按照民主集中制组织起来的统一整体。”党的民主集中制的基本原则包括以下几个方面：

（1）党员个人服从党的组织，少数服从多数，下级组织服从上级组织，全党各个组织和全体党员服从党的全国代表大会和中央委员会。

（2）党的各级领导机关，除它们派出的代表机关和在非党组织中的党组外，都由选举产生。

---

① 《邓小平文选》（第一卷），人民出版社，1989，第 312 页。

② 《中国共产党第十五次全国代表大会文件汇编》，人民出版社，1997，第 48 页。

③ 胡锦涛：《坚定不移沿着中国特色社会主义道路前进　为全面建成小康社会而奋斗——在中国共产党第十八次全国代表大会上的报告》（2012 年 11 月 8 日），人民出版社，2012，第 51 页。

④ 《中共中央政治局召开民主生活会　习近平主持会议并发表重要讲话》，新华社 2018 年 12 月 26 日。

（3）党的最高领导机关，是党的全国代表大会和它所产生的中央委员会。党的地方各级领导机关，是党的地方各级代表大会和它们所产生的委员会。党的各级委员会向同级的代表大会负责并报告工作。

（4）党的上级组织要经常听取下级组织和党员群众的意见，及时解决他们提出的问题。党的下级组织既要向上级组织请示和报告工作，又要独立负责地解决自己职责范围内的问题。上下级组织之间要互通情报、互相支持和互相监督。党的各级组织要按规定实行党务公开，使党员对党内事务有更多的了解和参与。

（5）党的各级委员会实行集体领导和个人分工负责相结合的制度。凡属重大问题都要按照集体领导、民主集中、个别酝酿、会议决定的原则，由党的委员会集体讨论，作出决定；委员会成员要根据集体的决定和分工，切实履行自己的职责。

（6）党禁止任何形式的个人崇拜。要保证党的领导人的活动处于党和人民的监督之下，同时维护一切代表党和人民利益的领导人的威信。

（四）民主与集中的有机统一

民主集中制是民主基础上的集中和集中指导下民主相结合的制度。民主集中制包括民主和集中两个方面，两者互为条件、相辅相成、缺一不可。民主是正确集中的前提和基础，离开民主讲集中，集中就变成了个人专权专断。集中是民主的必然要求和归宿，离开集中搞民主，就会导致极端民主化和无政府状态。我们党实行的民主集中制，是又有集中又有民主、又有纪律又有自由、又有统一意志又有个人心情舒畅生动活泼的制度。把我们这样一个大党治理好，不加强集中统一领导是不行的，不广泛发扬民主也是不行的。只有把民主和集中有机统一起来，才能拧成一股绳、握成一个拳头，推动事业不断向前发展。

民主集中制作为党和国家的根本组织原则和领导制度，是科学合理而又有效率的制度，彰显了中国特色社会主义鲜明的制度优势。要坚持和运用好民主集中制这个法宝，做到既统一思想、统一意志、统一行动，又充分调动各方面积极性、主动性、创造性，真正把民主集中制的优势变成我们党的政治优势、制度优势、组织优势、工作优势，不断增强党的生机活力，巩固党的团结统一。

二、党的组织机构

党的组织机构是党的各级组织、领导机关、工作机关的统称，由中央组织、地方组织和基层组织构成。党员作为组织成员，则被分别编入各个基层组织中。党的组织和全体党员通过民主集中制成为一个整体，确保党始终是一个具有统一意志、统一纪律、统一行动的具有坚强战斗力的政治组织。

党的中央组织包括：党的全国代表大会和它选举产生的中央委员会、中央纪律检查委员会；中央委员会全体会议选举产生的中央政治局、中央政治局常务委员会和中央委员会总书记；成员由中央政治局常务委员会提名、中央委员会全体会议通过的中央书记处；组成人员由中央委员会决定的中央军事委员会。党的全国代表大会和它所产生的中央委员会，是党的最高领导机关。在一般情况下，党的全国代表大会每五年举行一次，由中央委员会召集。党的全国代表大会的职权包括：听取和审查中央委员会的报告；审查中央纪律检查委员会的报告；讨论并决定党的重大问题；修改党的章程；选举中央委员会；选举中央纪律检查委员会。党的中央委员会委员和候补委员的名额由党的全国代表大会决定，在全国代表大会闭会期间，中央委员会执行全国代表大会的决议，领导党的全部工作，对外代表中国共产党。在一般情况下，党的中央委员会每届任期五年。为了全面领导党的工作，党的中央委员会下设中央办公厅、中央组织部、中央宣传部、中央统战部、中央对外联络部、中央政策研究室等职能部门和办事机构。

我们党是按照马克思主义建党原则建立起来的，形成了包括党的中央组织、地方组织、基层组织在内的严密组织体系。这是世界上任何其他政党都不具有的强大优势。党中央是大脑和中枢，党中央必须有定于一尊、一锤定音的权威，这样才能“如身使臂，如臂使指，叱咤变化，无有留难，则天下之势一矣”。党的地方组织的根本任务是

> 确保党中央决策部署贯彻落实，有令即行、有禁即止。党组在党的组织体系中具有特殊地位，要贯彻落实党中央和上级党组织决策部署，发挥好把方向、管大局、保落实的重要作用。每个党员特别是领导干部都要强化党的意识和组织观念，自觉做到思想上认同组织、政治上依靠组织、工作上服从组织、感情上信赖组织。
>
> ——习近平在全国组织会议上的讲话（2018 年 7 月 3 日）

党的地方组织，包括党的省、自治区、直辖市，设区的市和自治州以及县（旗）、自治县、不设区的市和市辖区的代表大会和它们所产生的委员会，还包括经党代表大会选举产生的纪律检查委员会。党的地方各级代表大会和它们所产生的委员会是党的地方各级领导机关。党章规定，党的地方各级代表大会每五年举行一次。党的地方各级代表大会的职权包括：听取和审查同级委员会的报告；审查同级纪律委员会的报告；讨论本地区范围内的重大问题并作出决议；选举同级党的委员会，选举同级党的纪律检查委员会。党的地方各级委员会在党的地方各级代表大会闭会期间，执行上级党组织的指示和同级党代表大会的决议，领导本地方的工作，定期向上级党的委员会报告工作。党的地方各级委员会的常务委员会，在委员会全体会议闭会期间，行使委员会职权；在下届代表大会开会期间，继续主持日常工作，直到新的常务委员会产生为止。党的地方各级委员会的常务委员会定期向委员会全体会议报告工作，接受监督。

党的基层组织是党在社会基层组织中的战斗堡垒，是党的全部工作和战斗力的基础。企业、农村、机关、学校、医院、科研院所、街道社区、社会组织、人民解放军连队和其他基层单位，凡是有正式党员三人以上的，都应当成立党的基层组织。党的基层组织，根据工作需要和党员人数，经上级党组织批准，分别设立党的基层委员会、总支部委员会、支部委员会。党章明确规定了党的基层组织的基本任务：

（1）宣传和执行党的路线、方针、政策，宣传和执行党中央、上级组织和本组织的决议，充分发挥党员的先锋模范作用，积极创先争优，团结、组织党内外的干部和群众，努力完成本单位所担负的任务。

（2）组织党员认真学习马克思列宁主义、毛泽东思想、邓小平理论、“三个代表”重要思想、科学发展观、习近平新时代中国特色社会主义思想，推进“两学一做”学习教育、党史学习教育常态化制度化，学习党的路线、方针、政策和决议，学习党的基本知识，学习科学、文化、法律和业务知识。

（3）对党员进行教育、管理、监督和服务，提高党员素质，坚定理想信念，增强党性，严格党的组织生活，开展批评和自我批评，维护和执行党的纪律，监督党员切实履行义务，保障党员的权利不受侵犯。加强和改进流动党员管理。

（4）密切联系群众，经常了解群众对党员、党的工作的批评和意见，维护群众的正当权利和利益，做好群众的思想政治工作。

（5）充分发挥党员和群众的积极性创造性，发现、培养和推荐他们中间的优秀人才，鼓励和支持他们在改革开放和社会主义现代化建设中贡献自己的聪明才智。

（6）对要求入党的积极分子进行教育和培养，做好经常性的发展党员工作，重视在生产、工作第一线和青年中发展党员。

（7）监督党员干部和其他任何工作人员严格遵守国家法律法规，严格遵守国家的财政经济法规和人事制度，不得侵占国家、集体和群众的利益。

（8）教育党员和群众自觉抵制不良倾向，坚决同各种违纪违法行为作斗争。

三、高校基层党组织的主要职责

教育兴则人才兴，教育强则国家强。十八大以来，习近平同志对中国高等教育的发展和高校思想政治教育工作高度重视，并发表了一系列重要论述。高校思想政治工作关系高校培养什么样的人、如何培养人以及为谁培养人这个根本问题。在2016年12月7日至8日召开的全国高校思想政治工作会议上，习近平同志强调，要坚持把立德树人作为中心环节，把思想政治工作贯穿教育教学全过程，实现全程育人、全方位育人，努力开创我国高等教育事业发展新局面。[1] 他提出："我们的高校是党领导下的高校，是中国特色社会主义高校。办好我们的高校，必须坚持以马克思主义为指导，全面贯彻党的教育方针。要坚持不懈传播马克思主义科学理论，抓好马克思主义理论教育，为学生一生成长奠定科学的思想基础。"[2]

高校是培养社会主义建设者和接班人的重要阵地。高校基层党组织是党在高校全部工作和战斗力的基础。高校党组织必须高举中国特色社会主义伟大旗帜，以马克思列宁主义、毛泽东思想、邓小平理论、"三个代表"重要思想、科学发展观、习近平新时代中国特色社会主义思想为指导，增强"四个意识"、坚定"四个自信"、做到"两个维护"，全面贯彻党的基本理论、基本路线、基本方略，全面贯彻党的教育方针，坚持教育为人民服务、为中国共产党治国理政服务、为巩固和发展中国特色社会主义制度服务、为改革开放和社会主义现代化建设服务，坚守为党育人、为国育才，培养德智体美劳全面发展的社会主义建设者和接班人。2021 年 4 月 16 日，中共中央印发新修订的《中国共产党普通高等学校基层组织工作条例》，为新时代高校党建工作提供了基本遵循。条例对高校党委、高校院（系）级单位党组织、教职工党支部、学生党支部的主要职责作出了明确规定。

（一）高校党委的主要职责

高校党委承担管党治党、办学治校主体责任，把方向、管大局、作决策、抓班子、带队伍、保落实。主要职责包括以下几个方面：

（1）宣传和执行党的路线方针政策，宣传和执行党中央及上级党组织和本级组织的决议，坚持社会主义办学方向，依法治校，依靠全校师生员工推动学校科学发展，培养德智体美劳全面发展的社会主义建设者和接班人。

（2）坚持马克思主义指导地位，组织党员认真学习马克思列宁主义、毛泽东思想、邓小平理论、"三个代表"重要思想、科学发展观、习近平新时

① 习近平:《把思想政治工作贯穿教育教学全过程　开创我国高等教育事业发展新局面》，《人民日报》2016 年 12 月 9 日第 1 版。

② 习近平:《把思想政治工作贯穿教育教学全过程　开创我国高等教育事业发展新局面》，《人民日报》2016 年 12 月 9 日第 1 版。

代中国特色社会主义思想，学习党的路线方针政策和决议，学习党的基本知识，学习业务知识和科学、历史、文化、法律等各方面知识。

（3）审议确定学校基本管理制度，讨论决定学校改革发展稳定以及教学、科研、行政管理中的重大事项。

（4）讨论决定学校内部组织机构的设置及其负责人的人选。按照干部管理权限，负责干部的教育、培训、选拔、考核和监督。加强领导班子建设、干部队伍建设和人才队伍建设。

（5）按照党要管党、全面从严治党要求，加强学校党组织建设。落实基层党建工作责任制，发挥学校基层党组织的战斗堡垒作用和党员的先锋模范作用。

（6）履行学校党风廉政建设主体责任，领导、支持内设纪检组织履行监督执纪问责职责，接受同级纪检组织和上级纪委监委及其派驻纪检监察机构的监督。

（7）领导学校的思想政治工作和德育工作，落实意识形态工作责任制，维护学校安全稳定，促进和谐校园建设。

（8）领导学校群团组织、学术组织和教职工代表大会。

（9）做好统一战线工作。对学校内民主党派的基层组织实行政治领导，支持其依照各自章程开展活动。支持无党派人士等统一战线成员参加统一战线相关活动，发挥积极作用。加强党外知识分子工作和党外代表人士队伍建设。加强民族和宗教工作，深入开展铸牢中华民族共同体意识教育，坚决防范和抵御各类非法传教、渗透活动。

（二）高校院（系）级单位党组织的主要职责

高校院（系）级单位党组织应强化政治功能，履行政治责任，保证教学科研管理等各项任务完成，支持本单位行政领导班子和负责人开展工作，健全集体领导、党政分工合作、协调运行的工作机制。主要职责包括以下几个方面：

（1）宣传、执行党的路线方针政策及上级党组织的决议，并为其贯彻落实发挥保证监督作用。

（2）通过党政联席会议，讨论和决定本单位重要事项。召开党组织会议研究决定干部任用、党员队伍建设等党的建设工作。涉及办学方向、教师队伍建设、师生员工切身利益等事项的应当经党组织研究讨论后，再提交党政联席会议决定。

（3）加强党组织自身建设，建立健全党支部书记工作例会等制度，具体指导党支部开展工作。

（4）领导本单位的思想政治工作，加强师德师风建设，落实意识形态工作责任制，把好教师引进、课程建设、教材选用、学术活动等重要工作的政治关。

（5）做好本单位党员、干部的教育管理工作，做好人才的教育引导和联系服务工作。

（6）领导本单位群团组织、学术组织和教职工代表大会。做好统一战线工作。

（三）高校教工党支部的主要职责

教工党支部围绕本单位改革发展稳定等开展工作，落实立德树人根本任务，发挥教育管理监督党员和组织宣传凝聚服务师生员工的作用。主要职责包括以下几个方面：

（1）宣传、执行党的路线方针政策和上级党组织的决议，团结师生员工，在完成教学科研管理任务中发挥党员先锋模范作用。

（2）参与本单位重大问题决策，支持本单位行政负责人开展工作，对教职工职称评定、岗位（职员等级）晋升、考核评价等进行政治把关。

（3）做好党员教育、管理、监督和服务工作，定期召开组织生活会，开展批评和自我批评。

（4）培养教育入党积极分子，做好发展党员工作。

（5）加强师德师风建设，有针对性地做好思想政治工作。

（6）密切联系群众，经常听取师生员工的意见和诉求，维护他们的正当权利和利益。

（四）高校学生党支部的主要职责

学生党支部应当加强思想政治引领，筑牢学生理想信念根基，引导学生刻苦学习、全面发展、健康成长。主要职责包括以下几个方面：

（1）宣传和执行党的路线方针政策和上级党组织的决议。

（2）加强对学生党员的教育、管理、监督和服务，定期召开组织生活会，开展批评和自我批评。发挥学生党员的先锋模范作用，影响、带动广大学生明确学习目的，完成学习任务。

（3）组织学生党员参与学生事务管理，维护学校稳定。支持、指导和帮助团支部、班委会及学生社团根据学生特点开展工作，充分发挥保留团籍的学生党员的带动作用。

（4）培养教育学生中的入党积极分子，按照标准和程序发展学生党员。

（5）根据学生特点，有针对性地做好思想政治教育工作。

历史学习小故事

用生命叩开地球之门——黄大年

“作别康河的水草，归来做祖国的栋梁。天妒英才，你就在这七年中争分夺秒，透支自己，也要让人生发光，地质宫五楼的灯源自前辈的薪传，永不熄灭。”这是黄大年同志获评“感动中国 2017 年度人物”的颁奖词。

1958 年，黄大年出生在广西南宁市的一个知识分子家庭，他从小对科学有着极大的兴趣。1975 年 10 月，17 岁的黄大年从几百人中脱颖而出，通过招考进入位于贵县（现广西贵港市）的广西第六地质队，作为物探操作员，他首次接触到了航空地球物理。

1977 年国家恢复高考，黄大年以优异的成绩考入长春地质学院应用地球物理系，从此正式与地球物理结下不解之缘。在校就读期间，黄大年的成绩名列前茅，毕业后留校任教。在当年的毕业纪念册上，黄大年的留言是：“振兴中华，乃我辈之责！”

1992 年，黄大年获得“中英友好奖学金计划”全额资助，赴英国攻读博士学位，1997 年在英国剑桥的一个航空地球物理公司任高级研究员。黄大年主持研发的许多研究成果都处于世界领先地位，他也由此成为航空地球物理研究领域享誉世界的科学家。

2009 年 4 月，当得知国家的“海外高层次人才引进计划”时，黄大年第一时间给母校打电话，明确表示要回国。他用最短的时间办好了回国手续。回国后的第六天，黄大年就与母校吉林大学正式签下全职教授合同，扎根在东北这块沃土上。时任吉林大学地球探测科学与技术学院院长的刘财至今仍保留着黄大年回复他的邮件：“多数人选择落叶归根，但是高端科技人才在果实累累的时候回来更能发挥价值。现在正是国家最需要我们的时候，我们这批人应该带着经验、技术、想法和追求回来。”

黄大年回国后，首推我国实物车载、舰载、机载和星载“快速移动平台探测技术”研发工作，构建服务于陆地、海域、复杂地理环境和地质条件下的精确移动测量技术体系。“十二五”期间，黄大年作为首席科学家组织完成了两个总投入近 5 亿元的重大项目。他带领 400 多名科学家创造了多项“中国第一”，填补了我国“巡天探地潜海”的多项技术空白。国际学界惊叹：中国正式进入“深地时代”。

2009 年 12 月，黄大年主动担任本科 2010 级李四光实验班的班主任，并自费给每个同学配备了笔记本电脑。只要对学生有帮助，黄大年都愿意付出。

回国的 7 年间，黄大年平均每年出差 130 多天，日复一日的辛劳无情地吞噬着他的健康。2016 年 6 月 27 日，深探项目答辩进入最后倒计时，黄大年的秘书突然听到“砰”的一声，焦急地跑到黄大年的办公室时，发现他已晕倒在地。苏醒过来的黄大年吞下几粒速效救心丸，只在沙发上躺了 20 分钟，就爬起来带着大家赶往火车站。第二天，黄大年虽然很憔悴，但依然坚持登台进行了近 2 个小时的答辩。11 月 28 日，黄大年再次晕倒在从北京赴成都开会的飞机上。恢复意识后，他对空姐说的第一句竟是：“如果我不行了，请把我的笔记本电脑交给国家，里面的研究资料很重要。”即便如此，他仍没有降低几近疯狂的工作强度。12 月 8 日，黄大年被确诊为胆管癌。

2017 年元旦，他在病房中聆听了习近平总书记发表的新年贺词后，眼中满含热泪地说：“国家对科技创新这么重视，有了国家的决心，我们的技术马上就能派上大用场。你们都要准备好，加油干啦！”即便他的声音很弱，语气却异常坚定。

2017 年 1 月 8 日，黄大年因病医治无效，与世长辞。

中共中央总书记、国家主席、中央军委主席习近平 2017 年 5 月对黄大年同志先进事迹作出重要指示：黄大年同志秉持科技报国理想，把为祖国富强、民族振兴、人民幸福贡献力量作为毕生追求，为我国教育科研事业作出了突出贡献，他的先进事迹感人肺腑。

黄大年把一切奉献给了祖国，祖国和人民将永远铭记他！

（摘编自周远主编《爱国主义》，西安交通大学出版社，2020，第 157-161 页）

第二节
中国共产党的纪律

一、党的纪律

中国共产党的纪律，是党按照民主集中制原则，根据党的性质、纲领、和实现党的路线、方针、政策需要而确立的各种党规党法的总称，是党的组织和党员必须共同遵守的党内行为规范。党的纪律是维护党的团结统一、完成党的任务的重要保证，也是党生存、巩固和发展的必要条件，各级党组织和每个党员都有执行和维护党的纪律的义务。

我们党是用革命理想和铁的纪律组织起来的马克思主义政党，纪律严明是党的光荣传统和独特优势。毛泽东同志始终高度重视党的纪律建设，在井冈山时期制定了“三大纪律、六项注意”，在西柏坡时又提出了“加强纪律性，革命无不胜”的著名论断。改革开放之初，邓小平同志就反复强调，我们党要团结和组织起来，“一靠理想，二靠纪律”。进入新时代，习近平同志多次强调加强纪律建设是全面从严治党的治本之策，党的十八大报告首次明确提出“纪律建设”概念。此后，以习近平同志为核心的党中央把加强纪律建设作为全面从严治党治本之策，坚持问题导向，以党的纪律为尺子，严明政治纪律和政治规矩，进一步明确了党的纪律的内涵。十九大党章将纪律建设纳入了党的建设总体布局。党章在党的建设必须实现的六项基本要求中指出，要坚持依规治党、标本兼治，不断健全党内法规体系，坚持把纪律挺在前面，加强组织性纪律性，在党的纪律面前人人平等。在我们党波澜壮阔的历史进程中，纪律建设始终同党的事业发展相伴随，是党的建设的重要组成部分。

党的纪律具有多方面的内容，党章第四十条规定，党的纪律主要包括政治纪律、组织纪律、廉洁纪律、群众纪律、工作纪律、生活纪律。

严明党的政治纪律，维护党的团结和集中统一。政治纪律是各级党组织和全体党员在政治立场、政治方向、政治言论、政治行为方面必须遵守的规矩，是牵头的管总的纪律，是最重要、最根本、最关键的纪律，遵守党的政治纪律是遵守党的全部纪律的重要基础。

严明党的组织纪律，增强全党组织纪律性。组织纪律是规范和处理党的各级组织之间、党组织和党员之间以及党员与党员之间关系的行为规则，是维护党的集中统一、保持党的战斗力的基本条件。

严明党的廉洁纪律，遏制腐败蔓延势头。廉洁纪律是党组织和党员在从事公务活动或者其他与行使职权有关的活动中，应当遵守的廉洁用权的行为规则，是实现干部清正、政府清廉、政治清明的重要保障。

严明党的群众纪律，保持党同人民群众的血肉联系。群众纪律是党的各级组织和全体党员贯彻执行党的群众路线和处理党群关系必须遵守的行为规则，是党的先进性的重要体现。

严明党的工作纪律，压实管党治党政治责任。工作纪律是党的各级组织和全体党员在党的各项具体工作中必须遵守的行为规则，是党的各项工作正常开展的重要保证。

严明党的生活纪律，自觉培养高尚道德情操。生活纪律是党员在日常生活和社会交往中应当遵守的行为规则，涉及个人品德、家庭美德、社会公德等各个方面，直接关系党的形象。

六项纪律相互联系、相互统一，涵盖党的纪律的各个方面，体现了对党员的高标准严要求，为保持党的肌体健康、维护党的团结统一提供了有力武器，为贯彻党的路线方针政策、完成党的各项任务提供了重要保证。党组织必须严格执行和维护党的纪律，共产党员必须自觉接受党的纪律的约束。

知识链接

党的纪律

党章第四十条：

党的纪律主要包括政治纪律、组织纪律、廉洁纪律、群众纪律、工作纪律、生活纪律。

坚持惩前毖后、治病救人，执纪必严、违纪必究，抓早抓小、防微杜渐，按照错误性质和情节轻重，给以批评教育、责令检查、诫勉直至纪律处分。运用监督执纪“四种形态”，让“红红脸、出出汗”成为常态，党纪处分、组织调整成为管党治党的重要手段，严重违纪、严重触犯刑律的党员必须开除党籍。

党内严格禁止用违反党章和国家法律的手段对待党员，严格禁止打击报复和诬告陷害。违反这些规定的组织或个人必须受到党的纪律和国家法律的追究。

二、党的纪律处分

党章明确：坚持惩前毖后、治病救人，执纪必严、违纪必究，抓早抓小、防微杜渐，按照错误性质和情节轻重，给以批评教育、责令检查、诫勉直至纪律处分。运用监督执纪“四种形态”，让“红红脸、出出汗”成为常态，党纪处分、组织调整成为管党治党的重要手段，严重违纪、严重触犯刑律的党员必须开除党籍。

党章第四十一条规定：“对党员的纪律处分有五种：警告、严重警告、撤销党内职务、留党察看、开除党籍。”

设立党的纪律处分，有利于维护党的纪律，纯洁党的组织和干部队伍，保持党的先进性和纯洁性。对违反党纪和国法的党员进行严肃查处和惩治，是我们党严明党的纪律、加强党的建设的一贯方针。

党的十八大以来，随着形势发展，为满足全面从严治党新的实践要求，党中央于 2018 年 8 月印发修订后的《中国共产党纪律处分条例》。修订后的条例，围绕党纪戒尺要求，开列“负面清单”、重在立规，明确了违反政治纪律、组织纪律、廉洁纪律、群众纪律、工作纪律、生活纪律行为的处分，划出了党组织和党员不可触碰的“底线”。

三、全面从严治党，把纪律和规矩挺在前面

全面从严治党既是“四个全面”战略布局的重要内容，又是各项工作顺利推进的根本保证。全面从严治党就要把党的纪律和规矩挺在前面，立起来、严起来，使其成为“管党治党的尺子”，保证党在各项事业中的领导核心作用。

（一）有纪律有规矩，有利于真管真治

党章是全党必须共同遵守的根本行为规范，广大党员要全面掌握党章的基本内容、严格遵守党的各项规定。纪律对政党来说是规范、约束成员的准绳。严明党的纪律，就是要求各级党员在纪律面前一律平等，党内不允许有不受纪律约束的特殊党员，必须用铁的纪律维护党的团结统一。

（二）严纪律严规矩，有利于严管严治

要落实全面从严治党要求。在思想建设上，要把好理想信念“总开关”；在组织建设上，突出从严治吏这个关键，以严的标准要求干部、以严的措施管理干部、以严的纪律约束干部；在作风建设上，严字当头、从严从实，领导带头、以上率下；在党风廉政建设和反腐败斗争上，坚持“老虎”“苍蝇”一起打，凡腐必反，除恶务尽；在制度建设上，织密扎牢制度的笼子，坚持制度面前人人平等、执行制度没有例外。

古人说：欲知平直，则必准绳；欲知方圆，则必规矩。没有规矩不成其为政党，更不成其为马克思主义政党。我认为，我们党的党内规矩是党的各级组织和全体党员必须遵守的行为规范和规则。党的规矩总的包括什么呢？其一，党章是全党必须遵循的总章程，也是总规矩。其二，党的纪律是刚性约束，政治纪律更是全党在政治方向、政治立场、政治言论、政治行动方面必须遵守的刚性约束。其三，国家法律是党员、干部必须遵守的规矩，法律是党领导人民制定的，全党必须模范执行。

其四，党在长期实践中形成的优良传统和工作惯例。

——习近平在中共第十八届中央纪律检查委员会第五次全体会议上的讲话（2015 年 1 月 13 日）

（三）健全纪律健全规矩，有利于全面管全面治

党规党纪是管党治党建设党的重要法宝，我们党已经形成了包括党章、准则、条例、规则、规定、办法、细则在内的党内法规制度体系，必须与时俱进地加强党内法规制度建设，全面建成内容科学、程序严密、配套完备、运行有效的党内法规制度体系。这个体系是我们全面从严治党的根本保证。

中国共产党人精神谱系之井冈山精神

坚定执着追理想、实事求是闯新路、艰苦奋斗攻难关、依靠群众求胜利

延伸阅读

山沟沟里有马克思主义

在井冈山斗争时期，以毛泽东为代表的中国共产党人把马克思主义的普遍原理同中国革命的具体实际相结合，探索出了一条适合中国革命的道路，初步形成了中国化的马克思主义。这个指引中国革命正确方向的指导思想，后来被邓小平称为“山沟里的马克思主义”。就是这面中国共产党的光辉旗帜，点燃了井冈山军民理想信念的星火；也正是这种坚定信念，激励着无数英烈和大批仁人志士，以百折不挠的精神，历经艰难困苦，奔赴井冈山，将中国革命的重心转移到农村，探索出革命的崭新道路。

1927 年 9 月 9 日，秋收起义爆发，按照原定计划，起义部队执行中共湖南省委的决定欲攻取中心城市长沙。然而由于兵力分散、缺乏作战经验，再加上当地反革命军队的强力抵抗，在进军途中，起义部队的三路人马相继遭

受挫折。面对这种情况，毛泽东当机立断，改变原定部署，部队由城市开往农村。之后，部队向萍乡方向转移，但越往南走山越来越高，路也难走，部队面临的困难也在增加。9 月 25 日，部队在芦溪遭受重创，总指挥卢德铭壮烈牺牲，部队人数只有 1000 余人，加上生活极端困苦，伤病员多，部队中开始弥漫着一股消沉的情绪。

9 月 29 日，部队来到永新三湾村，一清点人马，不足千人。怎样保存这支“星星之火”般的革命队伍，中国革命究竟还能不能坚持下去，中国革命究竟该怎样办？这些都是毛泽东急需解决的问题。经过长久的思考和一路的调查研究，毛泽东决定在三湾对部队进行改编。

10 月 3 日，毛泽东集合全体队伍，对进行改编的全体官兵作了动员讲话，他说：“一路上有些人不辞而别了。要走最好打一个招呼。现在我宣布，愿留则留，不愿留下的可以请假回去，凡回去的根据路途的远近发给路费。走的同志回到家乡要坚持革命，将来如果愿意还可以再回来。”然后又鼓励大家说：“同志们，敌人只是在我们后面放冷枪，没有什么了不起，大家都是娘生的，敌人有两只脚，我们也有两只脚。贺龙同志两把菜刀起家，现在当军长，我们有两营人，还怕干不起来吗？我们都是暴动出来的，一个人可以当敌人十个，十个人可以当敌人一百，我们现在有这样的几百人的部队，还怕什么？……失败是成功之母，没有挫折和失败，就不会有成功和胜利！”

毛泽东的生动讲话扭转了部队中的失败主义情绪，大家认识到只要坚持斗争，革命的力量一定会壮大。这就为部队引兵井冈山打下了坚定的思想基础。这支经过挫折和失败考验的部队，在毛泽东的率领下，满怀革命必胜的信心奔向井冈山，成了革命的最初火种。

（摘编自张泰城主编《井冈山精神》（中国共产党革命精神系列读本），中共党史出版社，2017，第 43–47 页）

第三节
中国共产党的作风

在马克思主义政党发展史上，作风建设是中国共产党的一个创造。长期以来，党就是靠着优良的作风赢得群众，取得革命、建设和改革的巨大成就的。可以说，党的作风关系到党的性质，关系到人心的向背，影响着社会风气，决定着党的命运，党风建设是党的建设的一个十分重要的问题。

一、党风问题关系执政党的生死存亡

党的作风简称党风，是一个政党和它的党员在政治、思想、组织、工作、生活等方面表现出来的一贯态度和行为，它体现着一个政党的性质和宗旨，是一个政党及其党员的党性和世界观的外在表现。我们党是用马克思主义武装起来的党，有好的作风是我们党的一大优点。

习近平同志强调："作风问题本质上是党性问题。对我们共产党人来讲，能不能解决好作风问题，是衡量对马克思主义信仰、对社会主义和共产主义信念、对党和人民忠诚的一把十分重要的尺子。我们既要用铁的纪律整治各种面上的顶风违纪行为，更要睁大火眼金睛，任凭不正之风'七十二变'，也要把它们揪出来，有多少就处理多少。"①

当前，在新的历史起点上坚持和发展中国特色社会主义，我们党面临的执政考验、改革开放考验、市场经济考验、外部环境考验是长期的、复杂的、严峻的，精神懈怠危险、能力不足危险、脱离群众危险、消极腐败危险更加

① 《习近平谈治国理政》（第二卷），外文出版社，2017，第 165 页。

尖锐地摆在全党面前。加强和改进党的作风建设，核心问题是保持党同人民群众的血肉联系。习近平同志明确指出："解决好保持党同人民群众的血肉联系问题，不可能一劳永逸，不可能一蹴而就，要常抓不懈。我们开了个好头，要一步一步深化下去。抓作风建设，首先要坚定理想信念，牢记党的性质和宗旨，牢记党对干部的要求。"①

党的十八大以来，以习近平同志为核心的党中央把全面从严治党纳入"四个全面"战略布局，坚持以上率下，坚持思想建党和制度治党紧密结合，抓住作风建设这条主线，一以贯之，步步深入。从制定和落实中央八项规定入手，严抓中央八项规定精神落实，着力从作风建设这个环节突破。紧扣牢记中国共产党是什么，要干什么这个根本问题，先后部署开展了党的群众路线教育实践活动、"三严三实"专题教育、"两学一做"学习教育、"不忘初心、牢记使命"主题教育、党史学习教育、学习贯彻习近平新时代中国特色社会主义思想主题教育等党内集中学习教育，强化理论武装，提高政治能力，推进自我革命，永葆初心使命，频度之密、力度之大、成效之显著，放眼百年党史都不多见。

二、党的三大优良作风

我们党在一百多年的奋斗历程中，培育形成了理论联系实际、密切联系群众、批评与自我批评等优良作风。

（一）理论联系实际的作风

理论联系实际的作风，就是要把马克思主义理论同客观的现实情况以及群众的实践活动联系起来，既要以马克思主义理论为指导，认识、分析和指导我们的实践，又要在客观实际不断变化、群众的实践活动不断发展的基础上，充实、丰富和发展马克思主义理论。在党的历史上，早在20世纪30年代初，毛泽东就针对当时党内存在的教条主义思想，提出了马克思主义的"本本"是要学习的，但必须同我国的实际情况相结合，脱离实际的马克思主义是要不得的。

① 《习近平谈治国理政》，外文出版社，2014，第394页。

（二）密切联系群众的作风

密切联系群众的作风，就是党的全部理论和实践都要体现一切为了群众，一切依靠群众，从群众中来，到群众中去；党的各级组织和党员要和党内外群众结合在一起，一刻也不脱离群众。密切联系群众是保持和发展党的先进性的核心问题。一个政党是不是先进，主要是看党的理论路线是不是符合社会发展的正确方向，党的行动纲领是不是代表最广大人民群众的根本利益，党的各级组织及其广大党员是不是与人民群众保持着密切联系。

（三）批评与自我批评的作风

批评与自我批评的作风，就是运用批评与自我批评的武器，正确处理和解决党内矛盾，克服缺点、纠正错误的作风。这是共产党人的特有风格，是保证党的肌体健康，增强党的战斗力的有力武器。共产党是为人民谋利益的党，但党在为人民谋利益的过程中，难免会出现这样或那样的缺点和错误。敢于直面问题、勇于修正错误，是我们党的显著特点和优势。

三、作风建设永远在路上

党的作风是党的性质、宗旨和世界观在党的活动中的表现，包括党的思想作风、学风、工作作风、领导作风和干部生活作风等。作风建设永远在路上，主要是指党的作风关系到党的生死存亡，作风建设始终是摆在我们面前的一项重大而紧迫的任务，只有进行时，没有完成时。

中国共产党历来高度重视作风建设。在领导中国革命、建设、改革的长期实践中，我们党形成并坚持发扬理论联系实际、密切联系群众、批评和自我批评等优良传统和作风，树立了共产党人的光辉形象，赢得了民心，凝聚了力量，保证党的事业取得一个又一个胜利。特别是党的十八大以来，以习近平同志为核心的党中央，从关系党和国家生死存亡的高度，胸怀强烈的历史责任感、深沉的使命忧患感，以作风建设开局起步，通过制度和系列活动加强作风建设，中央政治局模范带头、以上率下，各级主要领导亲自抓、作表率，一级抓一级、层层抓落实，推动“四风”得到有效整治，党风政风为之一新，党心民心空前凝聚，为推进党和国家事业提供了强大保障。

作风建设永远在路上，是因为作风问题具有反复性和顽固性，不可能一蹴而就、毕其功于一役，更不能一阵风，刮一下就停。当前，我们正在进行具有许多新的历史特点的伟大斗争，作风建设仍然面临许多新的挑战和考验。必须清醒地看到，党风廉政建设取得的成效只是阶段性的，需要以踏石留印、抓铁有痕的劲头，持续用力、久久为功。

作风建设永远在路上，要求我们必须在抓常、抓细、抓长上下功夫。抓常，就是要经常抓、见常态。各级党组织及其主要负责人要把班子和干部队伍作风建设紧紧抓在手上，经常分析班子和干部队伍作风状况，经常分析本地区本部门干群关系状况，及时掌握苗头性、倾向性问题，采取有针对性的措施。抓细，就是要深入抓、见实招。作风建设，重在抓细节，必须环环抓。干部群众特别是基层群众反映的作风问题都很具体，不能以原则来应对具体，要一一回应、具体解决，在解决个别具体问题的同时着力解决面上的普遍性问题。抓长，就是要持久抓、见长效。作风建设不但要治标，更要治本，要从体制机制层面进一步破题，为作风建设形成长效保障。

> 坚持发扬钉钉子精神加强作风建设，以优良党风带动社风民风向上向善。必须发扬党的优良作风，持之以恒落实中央八项规定精神，在常和长、严和实、深和细上下功夫，治“四风”树新风并举，坚决铲除腐败滋生的作风温床，坚决纠正形式主义、官僚主义问题，以好作风好形象创造新伟业。
>
> ——习近平：《全面从严治党探索出依靠党的自我革命跳出历史周期率的成功路径》（2022 年 1 月 18 日），《求是》2023 年第 3 期。

作风建设永远在路上，要求我们必须从实际出发，推动作风建设形成长效机制。要把作风教育纳入各级党委（党组）理论学习中心组学习内容，制度化集中开展专题学习。开展专题党课教育和主题党日活动，把作风教育融入党员、干部日常教育管理。要持续保持整治“四风”高压态势，紧紧盯住作风领域出现的新变化新问题，及时跟进相应的对策措施。要从解决“四风”问题延伸开去，努力改进思想作风、工作作风、领导作风、干部生活作风，努力改进学风、文风、会风。深化领导干部、领导班子、领导机关作风建设，保持和发展以上率下良好态势。要把作风要求贯穿到教育培养、选拔任用、考核评价、监督管理等全过程，坚持选拔看作风、考核考作风、监督管作风。

中国共产党人精神谱系之西柏坡精神

谦虚谨慎、艰苦奋斗的精神，敢于斗争、敢于胜利的精神，依靠群众、团结统一的精神

延伸阅读

赔树苗

1948年春天，西柏坡一带万物复苏，到处绿意盎然。一天早晨，刘少奇到附近的村庄调查了解土地改革开展情况。一路上层层梯田，绿波翻滚，春风飘来春耕泥土的清香。他沿着山路向西走去，路过一个小山沟时，突然发现一个奇怪的现象，其他地方已经是新叶满枝，可是这里却光秃秃的一片，许多树木只剩下干枯的枝干，没有发芽。他走上去仔细一看，原来这些树木都没有了树皮。

这是怎么回事呢？刘少奇默默地思考着，忽然脑海灵光一闪，明白了事情的原委。原来，去年在这里召开全国土地改革会议，由于在山区召开，交通不是很方便，各解放区代表大多数都是骑马来的，开会时他们的马就随意地拴在了这些树上。开会期间，由于人多马也多，没有专门的战士负责管理，马儿们就把树上的树皮给啃光了。

刘少奇看着一棵棵干枯的柏树，心里十分愧疚。本来搞土地改革，就是为了让劳动人民过上好日子，可是由于自己考虑不周，疏忽大意，却损害了群众的利益。回到机关后，他立刻让行政科的工作人员认真处理这件事情，并且指示一定要把这些树木一一登记清楚，照价赔偿，决不能让乡亲们吃亏。

行政科的工作人员遵照指示赶到那片树林，很快把没有发芽的树木认真

进行了统计，然后又挨家挨户把树木的主人请到了一起，说明了赔偿的原因。

这时，乡亲们是既感动又着急，说什么也不肯收下赔偿，纷纷表示开土地改革会议是为老百姓谋福利的，不能因为几棵树被毁就要赔偿。

见此情景，工作人员想来想去，终于想出一个绝妙的办法：把赔偿全部换成柏树苗，分给乡亲们补种。刘少奇知道后高兴地发动机关的工作人员帮助乡亲把树苗栽上，他自己也亲手栽种了一棵。

（摘编自《赔树苗》，《新长征》2019 年第 10 期，第 23 页）

第六章

中国共产党的使命任务

本章导读

中国共产党的最高纲领是实现共产主义。我国正处于并将长期处于社会主义初级阶段，必须坚持党在社会主义初级阶段的基本路线不动摇。实现中华民族伟大复兴是中国共产党的历史使命。新时代新征程，中国共产党的中心任务就是团结带领全国各族人民全面建成社会主义现代化强国、实现第二个百年奋斗目标，以中国式现代化全面推进中华民族伟大复兴。

第一节
中国共产党的最高纲领和基本纲领

一、党的最高纲领是实现共产主义

中国共产党自诞生之日起，就将实现共产主义确立为最终奋斗目标。党章明确指出："党的最高理想和最终目标是实现共产主义。"实现共产主义便是中国共产党的最高纲领。党的纲领就是党的旗帜，规定党的奋斗目标，指引党员向正确方向前行。

（一）共产主义是共产党人追求的最高理想

马克思、恩格斯、列宁深入研究了人类社会发展历史，进而提出比资本主义更高级的社会形态——共产主义社会，并指出那将是人类社会最理想的社会制度。共产主义是人类历史最美好、最进步、最合理的社会制度，而中国共产党把实现共产主义作为奋斗目标，既代表了无产阶级和广大劳动人民的最高利益，也表明了共产党人所从事的事业，是人类历史上最伟大、最壮丽的事业，表明了共产党人的理想是最崇高的理想，是最值得为之奋斗的理想，彰显了党的先进性。

（二）共产主义是人类社会发展的必然趋势

共产主义不仅是人类有史以来最美好的理想，更反映了社会发展的客观规律和必然趋势。人类社会的发展，是社会内部生产力和生产关系矛盾运动的结果。生产关系一定要适应生产力的发展状况，这是一切社会发展的普遍规律。社会发展归根到底是由生产力发展水平决定的，具有不以人的主观意志为转移的客观规律性。任何社会形态都有其产生、发展、灭亡的过程，一个社会形态由于自身的矛盾以及缺陷性，必然被另一个更高级的、更满足人民美好愿景的社会形态所代替。人类社会的历史就是社会形态更替的历史，这同时也正是社会进步、历史进步的过程。正因为如此，人类社会经过原始社会、奴隶社会、封建社会和资本主义社会，必然发展到共产主义社会，一个生产力高度发展的社会。

（三）实现共产主义是一个非常漫长的历史过程

作为人类最美好的理想社会，共产主义实现起来必须要经历许多发展阶段，必须要面对众多困难，必须要解决许多问题。为了实现这个目标，需要社会主义社会中的共产主义因素不断成长发展，这是一个由量变引起质变的漫长的历史过程。社会主义制度消除了阻碍生产力发展的私有制，建立起了适应社会化大生产的公有制，因而能够解放生产力，建立适宜的生产关系，进而更好地组织生产，更加有效地发挥计划和市场的作用，并作为反作用进一步推动生产力的发展。社会主义社会经过经济、政治、思想、文化的巨大进步，最终将过渡到“各尽所能，按需分配”的共产主义社会。在共产主义社会中，物质财富将会极大丰富，人民精神境界将会极大提高，每个人自由而全面地发展。作为社会发展的最终决定力量，生产力是最活跃、最革命的因素，但其发展是一个由低级到高级、由传统到现代、由落后到先进的循序渐进的过程。人们的精神境界、思想觉悟的提高也不是自发实现的，而是经过长期教育、引导，才能逐步形成的。总而言之，实现共产主义绝非一朝一夕的事情，而是一个需要长期艰苦卓绝的奋斗的过程，在这个过程中，需要我们正确把握实际，正确分析时事并制定符合发展阶段的政策，一步一个脚印、循序渐进地走向共产主义。

二、基本纲领是最高纲领的阶段性体现

党的十八大以来，习近平同志多次强调共产党员和领导干部要坚定共产主义理想、马克思主义信仰和中国特色社会主义信念。他指出：“中国特色社

会主义是党的最高纲领和基本纲领的统一。”[①] 这就要求共产党员尤其是领导干部既要胸怀共产主义崇高理想，又要为党在社会主义初级阶段的基本路线和基本纲领而奋斗。

最高纲领和基本纲领在理论上是相互联系、有机统一的。最高纲领是中国共产党的崇高理想和最终奋斗目标，是我们前进的总方向和总纲领。基本纲领是最高纲领在特定阶段的实践性目标，是具体的行动纲领。最高纲领要通过若干个基本纲领的实施才能实现，没有最高纲领，基本纲领将失去正确的方向；没有基本纲领，最高纲领也无法变成现实。可以说，最高纲领是灵魂，起导向作用，决定基本纲领的性质和方向；基本纲领是基础，起阶梯作用，反映最高纲领的阶段性要求，是实现最高纲领的基本手段和根本途径。

最高纲领和基本纲领在实践上也是相互联系、有机统一的，它们辩证统一于为实现共产主义奋斗的全部历史过程。共产主义是思想，是运动，又是制度。共产主义制度为共产主义运动指明了前进的方向，共产主义思想体系则为共产主义运动提供了精神动力。共产主义运动是不断接近共产主义社会制度的历史过程。中国共产党从诞生之日起，就以实现共产主义为最终奋斗目标，我们现在的努力以及将来多少代人的持续努力，都是朝着这个目标前进的。党在各个历史时期每一个具体纲领的制定及实现，都是为共产主义大厦增砖添瓦，都是为共产主义的实现开拓道路。

我们要深刻认识最高纲领和基本纲领的关系，坚持做最高纲领和基本纲领的统一论者，始终坚定共产主义理想信念，为全面建设社会主义现代化国家作出应有的贡献。

---

① 习近平：《关于坚持和发展中国特色社会主义的几个问题》，载《求是》2019年第7期，第3页。

第二节

中国共产党在社会主义初级阶段的基本路线

一、我国仍处于并将长期处于社会主义初级阶段

党章明确指出："我国正处于并将长期处于社会主义初级阶段。这是在原本经济文化落后的中国建设社会主义现代化不可逾越的历史阶段，需要上百年的时间。我国的社会主义建设，必须从我国的国情出发，走中国特色社会主义道路，以中国式现代化全面推进中华民族伟大复兴。"

我国正处在社会主义初级阶段，包括两层含义：第一，我国社会已经是社会主义社会，我们必须坚持而不能偏离、背弃社会主义；第二，我国的社会主义还处在初级阶段，我们制定一切方针政策都必须从这个实际出发，而不能超越这个阶段。

我们所说的社会主义初级阶段不是泛指任何国家进入社会主义都要经历的起始阶段，而是特指我国在生产力落后、经济不发达条件下建设社会主义必然要经历的特定阶段，即不发达阶段。明确我国还处于社会主义初级阶段，对于建设中国特色社会主义具有巨大的意义。因为，正确认识我国现在所处的历史阶段，是建设中国特色社会主义的首要问题，是中国共产党制定和执行正确的路线方针政策的根本依据。我们讲一切从实际出发，最大的实际就是我国现在处于并将长期处于社会主义初级阶段。社会主义初级阶段理论，是科学社会主义在中国的新发展和重大突破，是建设中国特色社会主义的理论基石，也是我们深入理解党的基本路线和基本方略的钥匙——只有正确理解了这个最大实际，才能明白各项路线与方略建立的地基，才能以此建立方

向正确的具体方略。

生产力水平是判定社会主义所处阶段的根本标准。如果生产力水平尚未提升到现代化水平，那就仍处在社会主义初级阶段。党的十三大报告指出："我国从五十年代生产资料私有制的社会主义改造基本完成，到社会主义现代化的基本实现，至少需要上百年时间，都属于社会主义初级阶段。"[①] 这实际上说出了社会主义初级阶段的两个特征：社会主义现代化未基本实现；社会主义现代化的实现所需时间之长——至少需要上百年时间。

知识链接

【中国特色社会主义】

中国特色社会主义，是科学社会主义理论逻辑和中国社会发展历史逻辑的辩证统一，是根植于中国大地、反映中国人民意愿、适应中国和时代发展进步要求的科学社会主义，是全面建成小康社会、加快推进社会主义现代化、实现中华民族伟大复兴的必由之路。

——《习近平谈治国理政》，外文出版社，2014，第 21 页。

经过改革开放以来的快速发展，尤其是党的十八大以来取得的历史性成就和发生的历史性变革，中国特色社会主义迈上一个新的大台阶，实现具有决定性意义的飞跃，最突出的特征就是社会主要矛盾转换为人民日益增长的美好生活需要和不平衡不充分的发展之间的矛盾。社会主要矛盾是社会生产力发展水平和社会发展阶段性特征的客观反映，其变化意味着生产力发展水平的跃进，意味着发展阶段的跃进。当下生产力水平的跃进尚未达到实现现代化的水平，而处在中间阶段，呈现出阶段性新特征，但这个新特征仍然框定在社会主义初级阶段这个大背景下，我们应冷静、理性地审视，不能误以为我国已经超越了初级阶段。

目前，我国社会生产力水平总体上显著提高。这是从纵向比较，即对比我国近现代的历史来说的。但我们在看到成绩的同时，也要意识到，即使今

① 《中国共产党第十三次全国代表大会文件汇编》，人民出版社，1987，第 12 页。

日中国社会生产力水平总体上显著提高，社会生产能力在很多方面已进入世界前列，与40年前、30年前甚至5年前相比已不可同日而语，但横向与其他国家相比，我国生产力发展水平在总体上仍然处于中等水平，人均水平并未达到较高水平，即整体上依然属于社会主义初级阶段水平。进一步看，发展不平衡不充分，从根本上说还是生产力水平不够平衡、不够充分。这种不平衡不充分，不仅体现在落后地区、农村的发展不平衡不充分，同时东部发达地区包括一些大城市也有发展不平衡不充分的现象。社会主义初级阶段还体现在制度建设不够成熟，还需要不断完善和发展，通过充分实践与总结，在各方面形成一整套更加成熟、更加定型的制度，才能把中国特色社会主义制度的优势充分发挥出来，而这样一个过程不可能一蹴而就，需要相当长的一段时间沉淀与积累。

自中华人民共和国成立到中国特色社会主义进入新时代，中华民族迎来了从站起来、富起来到强起来的伟大飞跃。我们经过接续奋斗，实现了小康这个中华民族的千年梦想，我国发展站在了更高的历史起点上。

全面建成小康社会、实现第一个百年奋斗目标之后，我们就进入了全面建设社会主义现代化国家、向第二个百年奋斗目标进军的新发展阶段。习近平总书记指出:“进入新发展阶段，是中华民族伟大复兴历史进程的大跨越。”[①]这一战略判断有着深刻的依据，必须从理论和实践、历史和现实的角度全面加以把握。

马克思主义坚信人类社会必然走向共产主义，但实现这一崇高目标必然要经历若干历史阶段。我们党在运用马克思主义基本原理解决中国实际问题的实践中，逐步认识到，发展社会主义不仅是一个长期历史过程，而且是需要划分为不同历史阶段的过程。我们党成立后，团结带领人民实现了从新民主主义革命到社会主义革命的历史性跨越。新中国成立后，我们党团结带领人民实现了从社会主义革命到社会主义建设的历史性跨越。进入历史新时期，我们党团结带领人民实现了社会主义现代化进程中新的历史性跨越。今天，我们已经全面建成小康社会，拥有了实现新的更高目标的雄厚物质基础，正

① 《习近平谈治国理政》（第四卷），外文出版社，2022，第151页。

在续写全面建设社会主义现代化国家新的历史。新发展阶段就是我们党带领人民迎来从站起来、富起来到强起来历史性跨越的新阶段。

我国正处于社会主义初级阶段，新发展阶段是社会主义初级阶段中的一个阶段，同时是其中经过几十年积累、站到了新的起点上的一个阶段。社会主义初级阶段不是一个静态、一成不变、停滞不前的阶段，也不是一个自发、被动、不用费多大力气自然而然就可以跨越的阶段，而是一个动态、积极有为、始终洋溢着蓬勃生机活力的过程，是一个阶梯式递进、不断发展进步、日益接近质的飞跃的量的积累和发展变化的过程。全面建设社会主义现代化国家，基本实现社会主义现代化，既是社会主义初级阶段我国发展的要求，也是我国社会主义从初级阶段向更高阶段迈进的要求。

二、党在社会主义初级阶段的基本路线

根据社会主义初级阶段理论，党的十三大提出了党在社会主义初级阶段的基本路线，这就是：领导和团结全国各族人民，以经济建设为中心，坚持四项基本原则，坚持改革开放，自力更生，艰苦创业，为把我国建设成为富强、民主、文明的社会主义现代化国家而奋斗。党的十四大、十五大、十六大都坚持了这一表述。十七大党章把党的基本路线的末句修改为“为把我国建设成为富强民主文明和谐的社会主义现代化国家而奋斗”，十九大党章把党的基本路线的末句进一步修改为“为把我国建设成为富强民主文明和谐美丽的社会主义现代化强国而奋斗”，这就使党的基本路线的表述更加全面，内涵更加丰富。党的二十大党章坚持了十九大党章的表述。

党的十九大报告提出，全党要“牢牢坚持党的基本路线这个党和国家的生命线、人民的幸福线”。坚持党在社会主义初级阶段的基本路线不动摇，是中国特色社会主义事业胜利前进最可靠的保证。

坚持党的基本路线不动摇，关键是坚持以经济建设为中心不动摇。中国特色社会主义进入新时代，我国社会主要矛盾已经转化为人民日益增长的美好生活需要和不平衡不充分的发展之间的矛盾。这就决定了中国共产党在领导中国特色社会主义事业中，必须坚持以经济建设为中心，其他各项工作都服从和服务于这个中心。要抓住时机，加快发展，实施科教兴国战略、人才

强国战略、创新驱动发展战略、乡村振兴战略、区域协调发展战略、可持续发展战略、军民融合发展战略，充分发挥科学技术作为第一生产力的作用，依靠科技进步，提高劳动者素质，促进国民经济持续健康发展。

坚持社会主义道路、坚持人民民主专政、坚持中国共产党的领导、坚持马克思列宁主义毛泽东思想这四项基本原则，是我们的立国之本，是我国人民在长期革命、建设和改革中作出的历史性选择，是全党和全国各族人民团结的共同政治基础，是改革开放和现代化建设健康发展的根本保证。在社会主义现代化建设的整个过程中，必须坚持四项基本原则，反对资产阶级自由化。实践证明，只有坚持四项基本原则，才能巩固和发展安定团结的政治局面，保证我们的事业始终沿着社会主义方向顺利前进。

坚持改革开放，是我们的强国之路。我们实行的改革是全面改革，是在坚持社会主义基本制度的前提下，自觉调整生产关系和上层建筑的各个方面和环节，以适应社会主义初级阶段生产力发展水平和实现现代化的要求。要从根本上改变束缚我国生产力发展的经济体制，坚持和完善社会主义市场经济体制，与此相适应，要进行政治体制改革和其他领域的改革。要坚持对外开放的基本国策，吸收和借鉴人类社会创造的一切文明成果。改革开放应当大胆探索，勇于开拓，提高改革决策的科学性，增强改革措施的协调性，在实践中开创新路。

总之，党的基本路线关系到我们事业的全局和根本，关系到党和国家的前途和命运，是制定其他一切具体工作路线、方针、政策的基本依据。毫不动摇地坚持党的基本路线，是我们的事业能够经受风险考验，顺利达到目标的最可靠的保证。我们党之所以能够领导和团结全国人民，克服重重困难，经受风险考验，实现政治社会稳定、经济快速发展，最根本的是因为任何时候，特别是在关键时候始终没有偏离“一个中心、两个基本点”的基本路线。这是我们党最宝贵的经验。

历史学习小故事

为吃饱饭签下“生死契约”

在2018年庆祝改革开放40周年大会上，有一个被表彰的对象比较特殊，引人关注，因为被表彰的不是一个人，而是“农村改革的先行者小岗村‘大包干’带头人”。这是唯一入选的团队，也是对小岗村对改革的贡献和地位的肯定。小岗村位于安徽省凤阳县，凤阳县曾是明代开国皇帝朱元璋揭竿而起的地方。朱元璋在凤阳县修建了明代第一座皇城，听说风水不好，还没完工就弃城另选南京重建明代都城，后代仍不满意而迁都北京。朱元璋有治国理政的想法，即“高筑墙，广积粮，缓称王”，但他竟然连自己家乡吃饭的问题都没有解决。明朝时期，凤阳花鼓作为一种民间表演艺术开始形成，流行于明清时期。历史上，凤阳多灾荒，许多人背井离乡以打花鼓唱曲为生，凤阳花鼓一度成为逃荒要饭的象征。其中有这样一段花鼓词：“说凤阳，道凤阳，凤阳本是个好地方。自从出了朱皇帝，十年倒有九年荒。大户人家卖骡马，小户人家卖儿郎。奴家没有儿郎卖，背着花鼓走四方。”这段花鼓词形象地概括了凤阳贫穷的历史。

1978年以前，小岗村是凤阳县有名的“三靠村”，吃粮靠返销，用钱靠救济，生产靠贷款。每年秋收结束后，外出要饭成了小岗村最大的“副业”，几乎家家都要外出讨饭。穷则变，变则通。眼瞅着日子一天比一天难过，有些人开始坐不住了。1978年12月的一天，在村头严立华家召开了一次秘密会议，诞生了著名的“红手印托孤书”。18个农民冒着坐牢的危险，立下生死状，和政策对着干，把土地分给农民单干。为什么分田到户还要按手印呢？据生产队长严俊昌介绍，有老人提醒他，把土地分到户这个路是走不通的，而且是“现行反革命”。老人家让他问清楚，如果这条路走不通是不是会怪到干部头上。严俊昌觉得老人说得有道理，就把大家找来，问大家如果分田到户的路走不通，会不会后悔？大家说不后悔。严俊昌又问他们如果走不通，是否怪干部？干部倒霉怎么办？大家说：“如果干部倒霉坐了牢，我们就给干部送牢饭，如果真的杀头枪毙，就把他的小孩养活到18岁。”据说，当时也没有纸，就在小孩念书的本子上撕了张纸，大家按了手印，发誓赌咒，任何人不能说，算是大伙互相担保。保证第一要完成国家的，第二要留足集体的，剩下的才是自己的。

按手印分田到户的举动，在中国改革的历史上，画下了浓墨重彩的一笔。“大包干”如同星星之火，渐成燎原之势，为全国农村改革提供了范本，以“家庭联产承包责任制”命名的中国农村改革迅速在全国推开，给中国农村带来了巨大的变化。邓小平说：“‘凤阳花鼓’中唱的那个凤阳县，绝大多数生产队搞了大包干，也是一年翻身，改变面貌。有的同志担心，这样搞会不会影响集体经济。我看这种担心是不必要的。我们总的方向是发展集体经济。”小岗村实行“大包干”后的第一年，全队粮食总产量约 7 万千克，是 1955 年到 1970 年粮食产量的总和；人均收入达 400 元，是 1978 年的 18 倍。实行大包干后，小岗村的农民再也没有出去要过饭，摸得着的粮食，成了最大的实惠。不但解决了温饱问题，手里还有了余粮。粮食收购站因为太小每天收购数量有限，有农民为了争取早卖早回，住在收购站排队。农村兴起的大规模改革，也为后来推进城市改革积累了经验。

18 位农民在土地承包责任书上按下红手印，创造了“小岗精神”，拉开了中国改革开放的序幕，小岗村一夜之间成了“明星村”。虽然有些报刊时而有批评和指责的声音，但前来学习的人络绎不绝，没有地方睡，就在学校的教室打地铺，接待不过来，就在礼堂循环播放录像带。2016 年 4 月 25 日，习近平总书记一行驱车来到小岗村考察，他走进麦田，走进农家乐和农家超市，与村民们亲切地唠唠家常，聊聊改革。回首当年签订大包干契约的情景，习近平总书记感慨道：“当年贴着身家性命干的事，变成中国改革的一声惊雷，成为中国改革的标志。”无论是“贴着身家性命”，还是“生死契约”，都鲜明表达了当时小岗人实施大包干的巨大风险，这也恰恰反映了小岗人给中国农村“杀出一条血路”的魄力，敢于冲破束缚的精神对改革开放的大局来说是最可贵的。

（摘编自蒋积伟主编《改革开放精神》（中国共产党革命精神系列读本），中共党史出版社，2020，第 84-86 页）

第三节

以中国式现代化全面推进中华民族伟大复兴

一、实现中华民族伟大复兴是中国共产党的历史使命

中华民族是世界上伟大的民族，创造了灿烂的中华文明，长期走在世界前列。明朝后期开始实行闭关锁国政策，后来又错失工业革命、科技革命机遇，中国在内部矛盾和西方现代化浪潮冲击下逐渐走向衰落。鸦片战争后，由于西方列强的入侵和封建统治的腐败，中国逐渐陷入半殖民地半封建社会的黑暗深渊，国家蒙辱、人民蒙难、文明蒙尘，中华民族遭受了前所未有的劫难。从那时起，实现中华民族伟大复兴，就成为中国人民和中华民族最伟大的梦想。

为了实现这个伟大梦想，中国人民和无数仁人志士进行了千辛万苦的求索和不屈不挠的斗争。太平天国运动、洋务运动、戊戌变法、义和团运动、辛亥革命接连而起，各种救国方案轮番出台，但都没有能改变中国人民和中华民族的悲惨命运。十月革命一炮响，给中国送来了马克思列宁主义。在中国人民和中华民族的伟大觉醒中，在马克思列宁主义同中国工人运动的紧密结合中，中国共产党应运而生。从此中国人民谋求民族独立、人民解放和国家富强、人民幸福的斗争就有了主心骨，中国人民就从精神上由被动转为主动。

中国共产党一经成立，就把实现共产主义作为党的最高理想和最终目标，义无反顾肩负起实现中华民族伟大复兴的历史使命。习近平总书记指出，一百多年来，中国共产党团结带领中国人民进行的一切奋斗、一切牺牲、一切创造，归结起来就是一个主题：实现中华民族伟大复兴。

> 中国共产党自成立以来，始终把为中国人民谋幸福、为中华民族谋复兴作为自己的初心使命，历经百年奋斗，从根本上改变了中国人民的前途命运，开辟了实现中华民族伟大复兴的正确道路，展示了马克思主义的强大生命力，深刻影响了世界历史进程，锻造了走在时代前列的中国共产党。经过长期实践，积累了坚持党的领导、坚持人民至上、坚持理论创新、坚持独立自主、坚持中国道路、坚持胸怀天下、坚持开拓创新、坚持敢于斗争、坚持统一战线、坚持自我革命的宝贵历史经验，这是党和人民共同创造的精神财富，必须倍加珍惜、长期坚持，并在实践中不断丰富和发展。
>
> ——《中国共产党章程》

为了实现中华民族伟大复兴，我们党团结带领中国人民，浴血奋战、百折不挠，推翻帝国主义、封建主义、官僚资本主义三座大山，完成了新民主主义革命，建立了中华人民共和国，实现了中国从几千年封建专制政治向人民民主的伟大飞跃。我们党团结带领中国人民，自力更生、发愤图强，进行社会主义革命，建立社会主义制度，推进社会主义建设，完成了中华民族有史以来最为广泛而深刻的社会变革，实现了一穷二白、人口众多的东方大国大步迈进社会主义社会的伟大飞跃。我们党团结带领中国人民，解放思想、锐意进取，确立党在社会主义初级阶段的基本路线，坚定不移推进改革开放，开创、坚持、捍卫、发展中国特色社会主义，极大激发广大人民群众的创造性，极大解放和发展社会生产力，极大增强社会发展活力，推进了中华民族从站起来到富起来的伟大飞跃。我们党团结带领中国人民，自信自强、守正创新，统筹推进“五位一体”总体布局、协调推进“四个全面”战略布局，战胜一系列重大风险挑战，实现第一个百年奋斗目标，开启了实现第二个百年奋斗目标新征程，中华民族迎来了从站起来、富起来到强起来的伟大飞跃。

实现中华民族伟大复兴的中国梦，本质是国家富强、民族振兴、人民幸福。国家富强，就是要在全面建成小康社会基础上，全面建成富强民主文明和谐美丽的社会主义现代化强国；民族振兴，就是要使中华民族更加坚强有力地自立于世界民族之林，为人类作出新的更大的贡献；人民幸福，就是要坚持以人民为中心，增进人民福祉，促进人的全面发展，朝着共同富裕方向稳步前进。中国梦把国家的追求、民族的向往、人民的期盼融为一体，是国家的梦、民族的梦，也是每一个中国人的梦。这个伟大梦想体现了中华民族和中国人民的整体利益，表达了全体中华儿女的共同愿景，已成为激荡在十四亿多人心中的高昂旋律，成为中华民族团结奋斗的最大公约数和最大同心圆。

伟大梦想不是等得来、喊得来的，而是拼出来、干出来的。距离实现中华民族伟大复兴的目标越近，我们越不能懈怠，越要加倍努力。必须统揽伟大斗争、伟大工程、伟大事业、伟大梦想，勠力同心、接力奋斗，用实干托起中国梦。中华民族伟大复兴的中国梦一定要实现，也一定能够实现。

二、中国式现代化是强国建设、民族复兴的唯一正确道路

建设社会主义现代化强国，实现中华民族伟大复兴是中华民族的最高利益和根本利益。我们党团结带领人民追求民族复兴的历史，也是一部不断探索现代化道路的历史。习近平总书记指出："中国式现代化，是我们为如何唤醒'睡狮'、实现民族复兴这个重大历史课题所给出的答案。"[①]

在半殖民地半封建社会的旧中国，要实现现代化是不可能的。新中国的成立和社会主义制度的建立，为实现现代化创造了根本社会条件，奠定了根本政治前提和制度基础。新中国成立初期，为尽快改变我国工业化水平落后的状况，我们党明确提出努力把我国建设成为一个具有现代农业、现代工业、现代国防和现代科学技术的社会主义强国。经过实施几个五年计划，我国建立起独立的比较完整的工业体系和国民经济体系。这一时期我们取得的独创性理论成果和巨大成就，为现代化建设提供了宝贵经验、理论准备、物质基础。

改革开放和社会主义现代化建设新时期，我们党作出把党和国家工作中心转移到经济建设上来、实行改革开放的历史性决策，开启了中国式现代化的新长征。如何赶上时代、加快实现现代化？我们党一开始就保持着清醒的

① 中共中央宣传部编《习近平新时代中国特色社会主义思想学习纲要》，学习出版社、人民出版社，2023，第 52 页。

头脑，并没有像一些发展中国家那样亦步亦趋地跟在西方国家后面简单模仿，而是强调从中国实际出发，走自己的现代化道路。我们党大力推进实践基础上的理论创新、制度创新、文化创新以及其他各方面创新，实行社会主义市场经济体制，实现了从生产力相对落后的状况到经济总量跃居世界第二的历史性突破，实现了人民生活从温饱不足到总体小康、奔向全面小康的历史性跨越，为中国式现代化提供了充满新的活力的体制保证和快速发展的物质条件。

党的十八大以来，我们党在已有基础上继续前进，围绕解决现代化建设中存在的突出矛盾和问题全面深化改革，不断实现理论和实践上的创新突破，成功推进和拓展了中国式现代化。我们党在认识上不断深化，创立了习近平新时代中国特色社会主义思想，进一步加深对中国式现代化内涵和本质的认识，为中国式现代化提供了根本遵循。我们党在战略上不断完善，明确“五位一体”总体布局和“四个全面”战略布局，深入实施科教兴国战略、人才强国战略、乡村振兴战略等一系列重大战略，为中国式现代化提供坚实战略支撑。我们党在实践上不断丰富，出台一系列重大方针政策，推出一系列重大举措，推进一系列重大工作，战胜一系列重大风险挑战，特别是消除了绝对贫困问题，全面建成小康社会，推动党和国家事业取得历史性成就、发生历史性变革为中国式现代化提供了更为完善的制度保证、更为坚实的物质基础、更为主动的精神力量。

概括提出并深入阐述中国式现代化理论，是党的二十大的一个重大理论创新，是科学社会主义的最新重大成果。中国式现代化是我们党领导全国各族人民在长期探索和实践中历经千辛万苦、付出巨大代价取得的重大成果，我们必须倍加珍惜、始终坚持、不断拓展和深化。

——习近平在新进中央委员会的委员、候补委员和省部级主要领导干部学习贯彻习近平新时代中国特色社会主义思想和党的二十大精神研讨班开班式上的讲话（2023 年 2 月 7 日）

历史证明，中国式现代化是我们党领导人民长期探索和实践的重大成果，这条路走得通、行得稳，是强国建设、民族复兴的唯一正确道路。新时代新征程，中国共产党的中心任务就是团结带领全国各族人民全面建成社会主义现代化强国、实现第二个百年奋斗目标，以中国式现代化全面推进中华民族伟大复兴。

三、中国式现代化是中国共产党领导的社会主义现代化

中国人民之所以能够扭转近代以来的历史命运，探索出中国式现代化道路，最根本在于党的领导。中国共产党领导的社会主义现代化，是对中国式现代化的定性，是管总、管根本的。习近平总书记指出："党的领导直接关系中国式现代化的根本方向、前途命运、最终成败。"①

党的领导决定中国式现代化的根本性质。党的性质宗旨、初心使命、信仰信念、政策主张决定了中国式现代化是社会主义现代化，而不是别的什么现代化。我们党始终高举中国特色社会主义伟大旗帜，坚持和发展中国特色社会主义道路、理论、制度、文化，确保中国式现代化在正确的轨道上顺利推进，为中国式现代化提供科学思想指引、坚强制度保证和强大精神力量。只有毫不动摇坚持党的领导，中国式现代化才能前景光明、繁荣兴盛；否则就会偏离航向、丧失灵魂，甚至犯颠覆性错误。

党的领导确保中国式现代化锚定奋斗目标行稳致远。我们党始终坚守初心使命，坚持把远大理想和阶段性目标统一起来，一旦确定目标，就咬定青山不放松，接续奋斗、艰苦奋斗、不懈奋斗，从根本上超越了资本主义国家政党纷争、党派偏私，政策前后不一、朝令夕改的弊端。改革开放以后，我们建设社会主义现代化国家的奋斗目标都是循序渐进、一以贯之的，并随着实践的发展而不断丰富完善。进入新时代，我们党更加清晰擘画了全面建成社会主义现代化强国、全面推进中华民族伟大复兴的宏伟蓝图。建设社会主义现代化国家是我们党矢志不渝的奋斗目标，必须一代一代地接力推进。

党的领导激发建设中国式现代化的强劲动力。改革开放是决定当代中国命运的关键一招，也是决定中国式现代化成败的关键一招。改革开放以后，

① 中共中央宣传部编《习近平新时代中国特色社会主义思想学习纲要》，学习出版社、人民出版社，2023，第55页。

我们党以伟大历史主动精神不断变革生产关系和生产力、上层建筑和经济基础之间不相适应的方面，推进各领域体制改革，让一切劳动、知识、技术、管理和资本的活力竞相迸发。党的十八大以来，我们党以巨大政治勇气全面深化改革，坚决破除各方面体制机制弊端，许多领域实现历史性变革、系统性重塑、整体性重构，为中国式现代化注入不竭动力。

党的领导凝聚建设中国式现代化的磅礴力量。现代化的最终目标是实现人自由而全面的发展。中国式现代化是亿万人民自己的事业，人民是中国式现代化的主体，是全面建成社会主义现代化强国的决定性力量。只有紧紧依靠人民，尊重人民创造精神，汇集全体人民的智慧和力量，才能推动中国式现代化不断向前发展。我们党坚持党的群众路线，想问题、作决策、办事情注重把准人民脉搏、回应人民关切、体现人民愿望、增进人民福祉，推动中国式现代化建设成果更多更公平惠及全体人民，让人民以主人翁精神满怀热忱地投入到现代化建设中来，凝聚起全面建设社会主义现代化国家的伟力。

四、中国式现代化的中国特色、本质要求和重大原则

中国式现代化是我们党深刻总结我国和世界其他国家现代化建设的历史经验，对我国这样一个东方大国如何加快实现现代化进行不断探索形成的思想理论结晶。党的二十大集中概括了中国式现代化的中国特色、本质要求和重大原则，初步构建起中国式现代化理论体系，使中国式现代化更加清晰、更加科学、更加可感可行。

中国式现代化的中国特色、本质要求和重大原则，是对推进中国式现代化的最高顶层设计。中国式现代化具有五个方面的中国特色，包括人口规模巨大、全体人民共同富裕、物质文明和精神文明相协调、人与自然和谐共生、走和平发展道路。中国式现代化的本质要求是：坚持中国共产党领导，坚持中国特色社会主义，实现高质量发展，发展全过程人民民主，丰富人民精神世界，实现全体人民共同富裕，促进人与自然和谐共生，推动构建人类命运共同体，创造人类文明新形态。推进中国式现代化，必须牢牢把握五个重大原则，即坚持和加强党的全面领导、坚持中国特色社会主义道路、坚持以人民为中心的发展思想、坚持深化改革开放、坚持发扬斗争精神。

习近平总书记指出："一个国家走向现代化，既要遵循现代化一般规律，更要符合本国实际，具有本国特色。"[①] 中国式现代化既有各国现代化的共同特征，更有基于自己国情的中国特色。

中国式现代化是人口规模巨大的现代化。中国十四亿多人口整体迈入现代化，规模超过现有发达国家人口的总和，将极大改变现代化的世界版图。这是人类历史上规模最大的现代化，也是难度最大的现代化。必须从国情出发，首先要考虑人口基数问题，考虑我国城乡区域发展水平差异大等实际，既不能好高骛远，也不能因循守旧，始终保持历史耐心，坚持稳中求进、循序渐进、持续推进。

中国式现代化是全体人民共同富裕的现代化。这是区别于西方现代化的显著标志。西方现代化的最大弊端，就是以资本为中心而不是以人民为中心，追求资本利益最大化而不是服务绝大多数人的利益，导致贫富差距大、两极分化严重。中国式现代化坚守人民至上理念，突出现代化方向的人民性，坚持发展为了人民，发展依靠人民，发展成果由人民共享，不断推动全体人民共同富裕。必须把实现人民对美好生活的向往作为现代化建设的出发点和落脚点，在推动高质量发展的同时，自觉主动解决地区差距、城乡差距、收入分配差距，着力维护和促进社会公平正义，坚决防止两极分化。

中国式现代化是物质文明和精神文明相协调的现代化。物质贫困不是社会主义，精神贫乏也不是社会主义。物质富足、精神富有是社会主义现代化的根本要求。西方早期的现代化一边是财富积累，一边是信仰缺失、物欲横流。今天，西方国家日渐陷入困境，一个重要原因就是无法遏制资本贪婪的本性，无法解决物质主义膨胀、精神贫乏等痼疾。中国式现代化既要物质财富极大丰富，也要精神财富极大丰富、在思想文化上自信自强。必须坚持两手抓、两手硬，不断厚植现代化的物质基础，夯实人民幸福生活的物质条件，同时大力发展社会主义先进文化，加强理想信念教育，传承中华文明，促进物的全面丰富和人的全面发展。

---

① 中共中央宣传部编《习近平新时代中国特色社会主义思想学习纲要》，学习出版社、人民出版社，2023，第 58 页。

中国式现代化是人与自然和谐共生的现代化。在人与自然的关系问题上，西方现代化大都经历了对自然资源肆意掠夺和生态环境恶性破坏的阶段，在创造巨大物质财富的同时，往往造成环境污染、资源枯竭等严重问题。中国式现代化坚持可持续发展，统筹推进经济社会发展和生态环境保护。必须牢固树立和践行绿水青山就是金山银山的理念，坚持节约优先、保护优先、自然恢复为主的方针，坚定不移走生产发展、生活富裕、生态良好的文明发展道路，实现中华民族永续发展。

中国式现代化是走和平发展道路的现代化。中华民族经历了西方列强侵略、凌辱的悲惨历史深知和平的宝贵。西方现代化充满战争、贩奴、殖民、掠夺等血腥罪恶，给广大发展中国家带来深重苦难。中国式现代化不走殖民掠夺的老路，不走国强必霸的歪路，而是坚持独立自主、自力更生，依靠全体人民的辛勤劳动和创新创造发展壮大自己。必须始终高举和平、发展、合作、共赢旗帜，在坚定维护世界和平与发展中谋求自身发展，又以自身发展更好维护世界和平与发展。

五、中国式现代化是一种全新的人类文明形态

习近平总书记指出："中国式现代化是绝无仅有、史无前例、空前伟大的。"[①] 中国式现代化，深深植根于中华优秀传统文化，体现科学社会主义的先进本质，借鉴吸收一切人类优秀文明成果，代表人类文明进步的发展方向，展现了不同于西方现代化模式的新图景。中国式现代化创造了人类文明新形态，既是我们强国建设、民族复兴的康庄大道，也是中国谋求人类进步、世界大同的必由之路。

世界现代化进程是从西方资本主义国家开始的，当今世界的发达国家也主要是欧美国家和深受西方文明影响的资本主义国家。这就给人们一种错觉，似乎现代化就是西方化、西方文明就是现代文明。实际上，资本主义文明是建立在资本主义剥削制度基础上的，生产资料私有制和社会化大生产之间的

① 中共中央宣传部编《习近平新时代中国特色社会主义思想学习纲要》，学习出版社、人民出版社，2023，第 60 页。

矛盾是资本主义制度和西方现代化无法克服的固有矛盾，尽管资本主义制度和西方现代化模式也在不断演变，但其骨子里的资本至上、弱肉强食、两极分化、霸道强权的本性没有任何改变，其弊端愈益明显。第二次世界大战结束到20世纪90年代初期，一些发展中国家不顾国情和历史条件，全盘照搬西方模式，结果水土不服，绝大多数陷入经济长期停滞、社会政治动荡的困境。

实现现代化是世界各国人民的权利和必然选择，关键是找到符合国情、符合人类社会发展规律的发展道路。中国式现代化蕴含的独特世界观、价值观、历史观、文明观、民主观、生态观等及其伟大实践，对西方式现代化理论和实践的重大超越，打破了"现代化＝西方化"的迷思。中国式现代化的初步成功和取得的显著成就，新时代以来"东升西降""中治西乱"的鲜明对比，为广大发展中国家独立自主迈向现代化、探索现代化道路的多样性提供了全新选择。

现代化不是少数国家的"专利品"，也不是非此即彼的"单选题"。在现代化道路的探索上，照搬没有出路，模仿容易迷失，实践才出真知。中国式现代化作为科学社会主义的最新成果，是对世界现代化理论和实践的重大创新，为全球提供了一种全新的现代化模式，必将对世界历史进程产生深刻影响。

六、推进中国式现代化需要正确处理一系列重大关系

习近平总书记指出："推进中国式现代化是一个系统工程，需要统筹兼顾、系统谋划、整体推进，正确处理好一系列重大关系。"①

正确处理顶层设计与实践探索的关系。中国式现代化是分阶段、分领域推进的，实现各个阶段发展目标、落实各个领域发展战略离不开顶层设计。要深刻洞察世界发展大势，准确把握人民群众共同愿望，深入认识经济社会发展规律，制定好规划和政策体系，做到远近结合、上下贯通、内容协调。同时，还要在实践中大胆探索，通过改革创新推动事业发展，决不能刻舟求剑、

① 《习近平新时代中国特色社会主义思想学习纲要》，学习出版社、人民出版社，2023，第62页。

守株待兔。

正确处理战略与策略的关系。正确运用战略和策略是我们党不断从胜利走向胜利的成功秘诀，推进中国式现代化必须把这一成功秘诀传承好、运用好、发展好。要增强战略的前瞻性，准确把握事物发展的必然趋势，敏锐洞悉前进道路上可能出现的机遇和挑战；增强战略的全局性，着眼于解决事关党和国家事业兴衰成败、牵一发而动全身的重大问题，谋划战略目标、制定战略举措、作出战略部署；增强战略的稳定性，战略一经形成就要长期坚持、一抓到底、善作善成。把战略的原则性和策略的灵活性有机结合起来，灵活机动、随机应变、临机决断，在因地制宜、因势而动、顺势而为中把握战略主动。

正确处理守正与创新的关系。中国式现代化的探索是一个在继承中发展、在守正中创新的历史过程。要守好中国式现代化的本和源、根和魂，毫不动摇坚持中国式现代化的中国特色、本质要求、重大原则，确保中国式现代化的正确方向。把创新摆在国家发展全局的突出位置，顺应时代发展要求，着眼于解决重大理论和实践问题，大力推进改革创新，不断塑造发展新动能新优势。

正确处理效率与公平的关系。中国式现代化既要创造比资本主义更高的效率，又要更有效地维护社会公平，更好实现效率与公平相兼顾、相促进、相统一。要坚持和完善社会主义基本经济制度，构建全国统一大市场，加快建立社会公平保障体系，深入推进司法体制改革，健全基本公共服务体系，扎实推进共同富裕取得更为明显的实质性进展。

正确处理活力与秩序的关系。中国式现代化应当而且能够实现活而不乱、活跃有序的动态平衡。要深化各方面体制机制改革，充分释放全社会创造潜能，鼓励各方面人才特别是青年人才创新创造，充分调动党员干部干事创业积极性。健全国家安全体系，完善社会治理体系，正确处理新形势下人民内部矛盾，确保人民安居乐业。

正确处理自立自强与对外开放的关系。推进中国式现代化必须坚持独立自主、自立自强，坚持把国家和民族发展放在自己力量的基点上，坚持把我国发展进步的命运牢牢掌握在自己手中，同时坚定扩大对外开放，以开放促改革、促发展。要加快构建新发展格局，坚决打赢关键核心技术攻坚战，维护好经济安全特别是粮食安全、能源安全、产业链供应链安全。不断扩大高水平对外开放，深度参与全球产业分工和合作，用好国内国际两种资源，拓展中国式现代化的发展空间。

推进中国式现代化是一个长期任务，还有许多未知领域有待探索。要进一步加强理论研究和实践创新，使我们的认识、政策、举措更加符合客观规律，不断拓展中国式现代化的广度和深度，逐步进入中国式现代化建设的“自由王国”，更好推进强国建设、民族复兴，为人类作出新的更大贡献。

中国共产党人精神谱系之改革开放精神

解放思想、与时俱进、敢为人先、改革创新、开放包容、互利共赢、不懈奋斗、务求实效

延伸阅读

全面深化改革元年几个“小人物”的故事

新华社记者于2015年采访了部分基层公务员、创业者、农民工、家庭农场主等，从他们的故事中清晰地感受到改革红利给他们带来的获得感。

基层公务员能稳住了

“上面千条线，下面一根针”，作为最基层的公务员，乡镇干部工作繁杂、压力大、进步空间小，普遍存在人不愿来、来了留不住的问题。

李玲就是这样一名最基层的公务员。她14年前大专毕业考入乡镇公务员队伍，现在是高青县黑里寨镇一名副科级干部。“乡镇干部进村入户和最基层的百姓打交道，有重要任务时全部干部都要扑上去，几乎没有什么周末。”

在她眼里，基层工作辛苦倒不怕，但是待遇低，上升空间小，眼看着考进来的年轻人一个个离开，自己多年来还在原地打转，李玲的心里总不是滋味。

平淡的基层生活从去年开始出现亮光。去年开始，山东提高了乡镇工作人员津贴补贴，从到乡镇工作第3年起，在一般乡镇工作的，每人每月增发100元，此后每增加1年，月发放标准提高10元。津贴补贴按月随工资纳入财政统一发放。李玲每个月工资涨了300元左右。

不仅待遇提高了，让李玲更感到有奔头的是，山东在全国率先试点实施职务与职级并行、职级与待遇挂钩制度，以解决基层公务员待遇偏低、晋升空间有限的问题。“基层的职位少，此前干部都要挤职务晋升这条路。现在打通了职级晋升通道，我们可以踏实在基层工作了。”她说。

当老板创业更便捷

山东高青县居民孙立升一个多月前注册成立淄博西罗亚渔具有限公司，政府部门的高效服务让他很吃惊。“我把材料交上后，一个多小时，公司的营业执照等一套手续就全办好了。”他说。

孙立升一直有一个自己创业当老板的梦，可想起开头第一步就很头痛。“听说办齐手续就很麻烦，得找熟人，要不就得找专业的代办人员去办。”

没想到，这次他硬着头皮去办手续，竟然这么快。“到了政务服务大厅，工作人员给我一张纸条，写明需要提供什么材料，我准备好，交上去就行了。”他说。

以前创业办个手续，要在各部门之间跑来跑去，重复的材料交来交去，还没创业热情先磨没了一半。现在，政府千方百计为市场主体提供服务，简化手续，减免税费，“我们心里踏实了”。

“小河有水大河满”。民营经济、小微企业是经济的细胞，小微企业活跃，经济自然就活起来了。政府给市场主体铺平创业的道路，“孙立升”们自然就多起来。2014 年山东市场主体出现井喷式增长，新登记市场主体户数、注册资本同比分别增长 81.2% 和 100.2%。

农民工的“市民梦”成真

皮肤黝黑，个头挺高，35 岁的贾鹏看起来成熟老练。1998 年初中毕业后，贾鹏走出村子，跟着别人进城打工。“那时候一天 20 多元工钱，其他啥也没有。”2009 年，贾鹏只身来到济南干装修工，虽然日工资逐渐涨到 80 元、100 元，但没有保险。“老觉得自己是个外地人，没有归属感，因为这个城市不属于你。”贾鹏说。

经过几年奋斗，前年，贾鹏成立了自己的装修包工队，并担任经理。同时，贾鹏感受到这几年国家对城市外来务工人员的政策越来越好：工人劳动条件大幅改善，每天工作 8 小时，日工资 200 多元，比一些城市白领都高；自己挂靠的公司给他们上缴“五险”；外来务工人员的子女可以在济南入学，等等。

贾鹏感受到的正是从中央到地方各级政府出台的城镇化改革红利。在山东，政府出台政策把农民工纳入社会保险制度体系，基本实现同工同酬，免学费政策延伸到中等职业教育，农民工基本享受随迁子女教育、住房保障等多项市民权益。

如今，贾鹏在济南繁华地段买了房，成了家，落了户，还报名上了山东大学的成人教育，学习建筑学。对未来，这位“新市民”充满信心。

家庭农场主吃了“定心丸”

记者见到寿光市家庭农场主王洪亮的时候，他正在茄子苗愈合室摆弄他的茄子苗。“这个愈合室占地一亩多，茄子苗嫁接成活率可以提升15%，纯收入能提高20%。”自从茄子苗愈合室建成之后，王洪亮一有空就钻在里面，比待在家里的时间还要多。

王洪亮经营的浩宇家庭农场于前年10月注册登记，主要从事蔬菜种苗种植和销售。“农场创办以来，不愁销路，却一直为扩大经营所需的资金发愁。”

去年初，寿光浩宇家庭农场所在的寿光市纪台镇铁匠村完成土地确权工作，王洪亮流转的21名村民的土地取得确权证。王洪亮和村民签订了规范的土地流转合同。没想到，更大的惊喜还在后面。

同年3月，中国邮政储蓄银行寿光支行工作人员找到王洪亮，了解其资金需求。很快，50万元贷款发放到他的手中，这是这家银行在全国系统内发放的第一笔以土地承包经营权抵押为担保方式的贷款。王洪亮用这50万元，再加上个人资金共100万元，建设了茄子苗愈合室。

新年伊始，王洪亮的农场又扩大了不少。“土地确权后，农民对土地所有权安心了，流转土地更顺利；土地承包经营权经过抵押评估后还能贷款，农场主也吃上了定心丸。”王洪亮说。

（摘编自《全面深化改革元年几个“小人物”的故事》，新华社2015年3月2日）

第七章

入党的条件和要求

本章导读

发展党员工作是党的基层组织一项经常性的重要工作。大学生党员是党员队伍的重要组成部分。发展大学生党员要严格遵守发展党员工作有关规定，培养大学生当中的优秀学生加入党组织，永葆党组织的先进性、纯洁性。每名党员都必须认真履行党员义务，正确行使党员权利。

第一节

发展党员的总要求和一般原则

党章规定："发展党员，必须把政治标准放在首位，经过党的支部，坚持个别吸收的原则。"《中国共产党发展党员工作细则》规定："发展党员工作应当贯彻党的基本理论、基本路线、基本纲领、基本经验、基本要求，按照控制总量、优化结构、提高质量、发挥作用的总要求，坚持党章规定的党员标准，始终把政治标准放在首位；坚持慎重发展、均衡发展，有领导、有计划地进行；坚持入党自愿原则和个别吸收原则，成熟一个，发展一个。禁止突击发展，反对'关门主义'。"明确了发展党员的总要求和一般原则。

一、总要求

《中国共产党发展党员工作细则》中规定了发展党员的总要求，即控制总量、优化结构、提高质量、发挥作用。"十六字"总要求是一个有机的整体，要准确理解、全面把握。

控制总量是发展党员工作的重点，为确保我党的先进性和纯洁性，必须确保党员的数量维持在一个适度的规模。在发展党员过程中，一要站在宏观角度对发展党员的数量进行把控，使全国党员数量年均增长控制在适当速度，党员队伍保持适度规模。二要根据实际情况制定科学合理的发展党员的工作计划，避免盲目性、随意性。三要进一步完善发展党员的工作机制，确保发展党员工作的规范化。实行发展党员总量控制是中央作出的最新部署，做好发展党员总量调控工作，是进一步提高发展党员工作科学化水平的必然要求。

在发展党员工作中，要有领导、有计划地做好发展党员工作，防止和克服工作中的随意性、盲目性；要正确处理党员数量与质量的关系，坚持质量重于数量的原则，从入口上把住党员质量关；要保持党员队伍规模适度，使党员队伍规模与经济社会发展需要、人口增长速度相适应。

优化结构是党员发展工作的关键，应根据不同群体、行业和岗位特点，确定发展党员的重点，不断优化党员队伍结构。党员队伍的结构是否合理，直接影响着党员队伍的整体素质，影响着党的战斗力。在发展党员过程中要不断进行结构的优化：一要改善党员队伍的文化素质和专业知识结构；二要优化党员队伍的年龄结构；三要改善党员队伍的成分、性别、民族结构。要从根本上改善党员队伍的构成、分布状况，发展党员时注意优化结构是重要的措施之一，将更有利于充分发挥党员的作用，增强党员队伍的战斗力。党的二十大报告指出要“注重从青年和产业工人、农民、知识分子中发展党员，加强和改进党员特别是流动党员教育管理”①。各级党组织要紧紧抓住发展党员工作的重点，着力把各方面优秀人才吸收进党组织，不断巩固党的阶级基础、扩大党的群众基础。需要注意的是，既不能将符合年龄、文化水平等要求的人一概视为发展对象而降格以求，也不要为优化结构分布，事先就分解出一些硬性的衡量标准，人为地形成发展党员的一些先决条件。

提高质量是发展党员工作的核心，应坚持党员标准、加强培养教育、严格日常管理、严肃纪律要求，着力提高党员队伍整体素质。提高发展党员的质量，一是为避免只求改善结构，完成任务指标而降低标准；二是为避免符合条件的先进积极分子无法入党。列宁早就深刻指出：“徒有其名的党员，就是白给，我们也不要。世界上只有我们这样的执政党，即革命工人阶级的党，才不追求党员数量，而注意提高党员质量和清洗‘混进党里来的人’。”② 发展党员“入口关”把不住，将会给党员队伍自身建设带来很大隐患。如果党组织对发展党员把关不严，不按照党章规定的标准发展党员，重数量、轻质

---

① 习近平：《高举中国特色社会主义伟大旗帜　为全面建设社会主义现代化国家而团结奋斗——在中国共产党第二十次全国代表大会上的报告》（2022 年 10 月 16 日），《人民日报》2022 年 10 月 26 日第 1 版。

② 《列宁选集》（第四卷），人民出版社，1995，第 51 页。

量，甚至出现“带病入党”现象，就可能导致一些动机不纯、功利思想严重、想借入党捞取好处的人混入党内，从而影响党员队伍的生机活力，影响党在人民群众中的形象和威信。坚持党员标准，提高发展党员质量，就成为各级党组织始终要重视解决的一个重要问题。

发挥作用是党员发展工作的目的，应引导党员牢记宗旨、心系群众、立足本职、干事创业，充分发挥先锋模范作用。中国共产党是中国工人阶级的先锋队，同时是中国人民和中华民族的先锋队。发展党员是为了让中国共产党永葆青春活力，让每一个党员在自己的社会角色中发挥先进模范作用，影响带动周围群众，在社会上形成良好的风气，进而带动社会追求文明进步。

我们所要坚守的政治方向，就是共产主义远大理想和中国特色社会主义共同理想、“两个一百年”奋斗目标，就是党的基本理论、基本路线、基本方略。加强党的政治建设就是要发挥政治指南针作用，引导全党坚定理想信念、坚定“四个自信”，廓清思想迷雾，澄清模糊认识，排除各种干扰，把全党智慧和力量凝聚到新时代坚持和发展中国特色社会主义伟大事业中来；就是要推动全党把坚持正确政治方向贯彻到谋划重大战略、制定重大政策、部署重大任务、推进重大工作的实践中去，经常对表对标，及时校准偏差，坚决纠正偏离和违背党的政治方向的行为，确保党和国家各项事业始终沿着正确政治方向发展；就是要把各级党组织建设成为坚守正确政治方向的坚强战斗堡垒，教育广大党员、干部坚定不移沿着正确政治方向前进。

——习近平在主持中共十九届中央政治局第六次集体学习时的讲话（2018 年 6 月 29 日）

二、一般原则

（一）坚持党章规定的党员标准，始终把政治标准放在首位

《中国共产党章程》第二条提出：“中国共产党党员是中国工人阶级的有

共产主义觉悟的先锋战士。中国共产党党员必须全心全意为人民服务，不惜牺牲个人的一切，为实现共产主义奋斗终身。中国共产党党员永远是劳动人民的普通一员。除了法律和政策规定范围内的个人利益和工作职权以外，所有共产党员都不得谋求任何私利和特权。”第五条到第九条规定了发展党员的流程及相关规范。在发展党员过程中，必须时刻坚持党章规定的党员标准，首要考察思想政治情况，确保入党动机纯正，确保质量合格。其次考察申请入党的同志是否具备入党的前提条件，是否满足党章规定的基本条件，是否能够履行党员的义务、正确行使党员权利，严格把控党员发展过程中的每一步，从源头确保党的储备军又红又专。

（二）坚持慎重发展、均衡发展，有领导、有计划地进行

发展党员一定要慎之又慎，从普通群众到入党积极分子再到中共党员的这个过程中，必须时刻考察被发展同志的思想政治情况、工作学习、群众基础等方面的情况，严格按照《中国共产党章程》和《中国共产党发展党员工作细则》的发展规范进行。

知识链接

火线入党

火线入党是指在特殊情况下简化入党程序，不按常规入党的情况。特殊情况包括战争、灾难等，作出重大贡献或者参与与上述特殊情况有关的危难工作的均可“火线入党”。

优化党员队伍结构，注重从青年和产业工人、农民、知识分子中发展党员，统筹做好其他领域和群体发展党员工作，不断壮大党的队伍最基本的组成部分和骨干力量。党员的发展要做到发展行业均衡、发展速度均衡，让党员队伍始终保持蓬勃的活力。

《中国共产党发展党员工作细则》第二条规定：“党的基层组织应当把吸收具有马克思主义信仰、共产主义觉悟和中国特色社会主义信念，自觉践行

社会主义核心价值观的先进分子入党，作为一项经常性重要工作。”各级组织要把党员发展工作纳入党组织的日常工作中，在上级党组织的领导下有计划地进行本单位的党员发展工作，坚决避免突击发展、长期不发展、发展数量大起大落等不正常现象，防止简单地分指标、卡比例。

（三）坚持入党自愿原则

发展党员必须坚持入党自愿原则。其一，这是由我们党的性质和宗旨所决定的。共产党员必须全心全意为人民服务，不惜牺牲个人的一切，为实现共产主义奋斗终身；必须坚持党和人民的利益高于一切，个人利益服从党和人民的利益，吃苦在前，享受在后，在一切困难和危险的时刻挺身而出。只有当入党申请人从思想上认同党，从行为上执行党的要求，懂得了为什么要入党，并决心为共产主义事业贡献自己的一切的时候，才能自觉地按照党章规定的党员标准严格要求自己，刻苦学习，积极工作，克己奉公，无私奉献，努力做一名合格的共产党员。如果入党不是建立在自愿的基础之上，就不可能自觉地用党员标准去规范自己的言行，而把自己混同于普通群众，甚至做出与党的要求背道而驰的事情。其二，动员人入党和“拉”人入党的做法是完全错误的。对尚无入党愿望和要求的人，无论社会声望多高，或者能力多强、贡献多大，都不应动员或强迫他们入党。当然，党组织有责任对他们进行教育，帮助他们提高政治觉悟。《中国共产党发展党员工作细则》第四条规定：“党组织应当通过宣传党的政治主张和深入细致的思想政治工作，提高党外群众对党的认识，不断扩大入党积极分子队伍。”只有当他们提高了觉悟，有了入党愿望和要求，并自愿提出入党申请，经过党组织的培养教育和考察，确实具备党员条件后，才能吸收他们入党。

（四）坚持个别吸收原则

坚持个别吸收原则是体现党员意志、保证新党员质量的有力措施。在发展党员时，要坚持成熟一个、发展一个的原则，对入党申请人逐个认真考察，看其是否满足党章所规定的党员标准，逐个履行入党手续，避免把不完全具备党员条件的人发展到党内；同时在召开支部大会讨论接收新党员时，要保证党内民主，充分听取每位党员对新党员的意见。坚持个别吸收原则，并不是说每次支部大会只能讨论一个发展对象入党，一次支部大会可以同时讨论两个或两个以上发展对象入党，但必须逐个履行手续、逐个讨论、逐个表决。

第二节

申请入党的基本条件

党章第一条明确规定："年满十八岁的中国工人、农民、军人、知识分子和其他社会阶层的先进分子，承认党的纲领和章程，愿意参加党的一个组织并在其中积极工作、执行党的决议和按期交纳党费的，可以申请加入中国共产党。"这条规定对申请入党的人必须具备的基本条件进行了全面而概括的总结，具体包括以下四个方面。

一、年满十八岁的各个阶层的先进分子

这主要是从年龄和成分上来加以界定的。从年龄上看，必须年满十八岁。这是因为，一个人年满十八岁才是成年人，在法律上才具有行使各种权利的资格，才具备承担各种行为和义务的能力。同时，年满十八岁，在思想上和政治上较为成熟，思维方式初步定型，具备了比较确定的世界观、人生观和价值观，具有一定的政治鉴别力和是非判断力，从而能够决定自己的政治信仰和终身志向，并能自觉地为之努力奋斗。

从成分上看，必须是工人、农民、军人、知识分子和其他社会阶层的先进分子。中国共产党发展党员，重点是在工人、农民、军人、知识分子中进行，他们始终是党最基本的组成部分和骨干力量。同时，也吸收其他阶层的优秀分子入党，这有利于改善党的队伍结构，有利于提高党的社会影响力和凝聚力，有利于实现党的组织和党的工作全覆盖。

知识链接

按照坚持标准、保证质量、改善结构、慎重发展的方针和有关规定，把政治标准放在首位，加强对入党积极分子的教育、培养和考察，加强在高层次人才、优秀青年教师和优秀学生中发展党员工作。建立党员领导干部和党员学术带头人直接联系培养教师入党积极分子制度。将团组织推优作为确定学生入党积极分子的重要渠道。建立从高中到大学、从大学到研究生阶段入党积极分子接续培养机制，加大在高校低年级学生中发展党员力度。

——《中国共产党普通高等学校基层组织工作条例》（2021 年 4 月 16 日中共中央发布）

二、承认党的纲领和章程

这是从思想政治方面来加以界定的。承认党的纲领和章程，是对申请入党的人在思想上、政治上的要求，是每个入党申请人的先决条件。这是因为中国共产党不是单个党员之间的简单组合，而是根据党的纲领和章程，按照党的民主集中制原则组织起来的统一整体，是思想上政治上高度一致的革命者自愿组成的战斗集体。党的纲领，是统一全党思想和行动的最高准则，它包括党的性质、党的指导思想、党的最终目标、党在当前历史阶段的总任务和基本政策、党的建设的基本要求等。党的章程，是党的最高的行为规范，是党内政治生活和处理个人与组织、组织与组织关系的基本准则。党纲和党章的这种性质和作用，决定了它们是党建立、生存和发展的基础。党员承认党纲党章，是党在组织上一致的前提。

回顾党的历史，为什么我们党在那么弱小的情况下能够逐步发展壮大起来，在腥风血雨中能够一次次绝境重生，在攻坚克难中能够不断从胜利走向胜利，根本原因就在于不管是处于顺境还是逆境，我们党始终坚守为中国人民谋幸福、为中华民族谋复兴这个初心和使命，义无反顾向着这个目标前进，从而赢得了人民衷心拥护和坚定支持。

——习近平在主持中共十九届中央政治局第十五次集体学习时的讲话（2019年6月24日）

三、愿意参加党的一个组织并在其中积极工作

参加党的一个组织，是指每个党员不论职务高低，必须编入党的一个支部、小组或特定组织，参加党的组织生活，接受党组织的领导和监督，不允许有任何不参加党的组织生活、不接受党内外群众监督的特殊党员。

之所以将愿意参加党的一个组织作为一个申请入党的条件，是因为中国共产党作为工人阶级的先锋队、作为中国人民和中华民族的先锋队，不是所有党员数量的简单相加，而是按照民主集中制原则组织起来的有机整体。中国共产党之所以具有战斗力，不仅在于其成员的先进性，而且在于其组织的科学性和严密性。可以设想，如果没有一个严密的组织，党就会变成一盘散沙，就不能形成强大的凝聚力，就不能成为改革开放和社会主义现代化建设的领导核心。

申请入党的同志不仅要愿意参加党的一个组织，而且还必须积极为党工作，这是申请入党的一个最基本的条件。愿意参加党的一个组织的实际行动，仅有“愿意”是远远不够的，更重要的是要在党组织的领导下努力做好工作，坚决完成党组织分配的任务，以发挥共产党员的先锋模范作用。

四、愿意执行党的决议和按期交纳党费

执行党的决议，这主要是从党的纪律方面来加以界定的。党的决议，是党在一定历史时期为完成党的纲领和任务，对党的重大工作或党内重要事务所作出的决定。它代表了党组织和广大党员的意志，党的组织和全体党员都必须坚决贯彻执行。如果对党的决议有不同意见，可以保留，可以向党的上级组织直至中央委员会反映，但在行动上必须坚决服从和执行，决不能采取阳奉阴违或各取所需的实用主义态度。

> 我们党是一个有着9000多万名党员、460多万个基层党组织的党，是一个在14亿人口的大国长期执政的党，是中国特色社会主义事业的坚强领导核心，党的自身建设历来关系重大、决定全局。
>
> 当今世界正经历百年未有之大变局，我国正处于实现中华民族伟大复兴关键时期，我们党正带领人民进行具有许多新的历史特点的伟大斗争，形势环境变化之快、改革发展稳定任务之重、矛盾风险挑战之多、对我们党治国理政考验之大前所未有。我们党作为百年大党，要始终得到人民拥护和支持，书写中华民族千秋伟业，必须始终牢记初心和使命，坚决清除一切弱化党的先进性、损害党的纯洁性的因素，坚决割除一切滋生在党的肌体上的毒瘤，坚决防范一切违背初心和使命、动摇党的根基的危险。
>
> ——习近平在"不忘初心、牢记使命"主题教育总结大会上的讲话（2020年1月8日）

执行党的决议，是每个党员的义务和责任，也是党的纪律所要求的。只有全党同志都能认真执行党的决议，才能形成一个统一的意志和统一的行动，从而确保党的重大决策得以贯彻落实。否则，如果每个共产党员都因自己有不同意见，便可以各行其是，那么，党的民主集中制原则就会受到破坏，党的团结统一就会受到影响，这样，势必削弱党的战斗力，党的各项事业就会遭受损失和挫折，实现党的路线和纲领也将成为一句空话。因此，对每一个申请入党的同志来说，愿不愿意执行党的决议是十分重要的，不愿意执行党的决议的人是不能入党的。

党费是党的活动经费。党员按期交纳党费，是党员对党的事业的关心和支持的体现。能否按期交纳党费，是衡量一个党员有无组织观念以及组织观念强弱的一个重要标志。申请入党的同志，应当充分认识按期交纳党费的重要意义，在被批准为预备党员之后，就应自觉地按照《关于中国共产党党费收缴、使用和管理的规定》《关于进一步规范党费工作的通知》中的规定按期交纳党费。在过去那种艰苦的战争年代里，许多党员省吃俭用，领到一点津贴，首先想到的是交纳党费。有的党员牺牲前还把身边仅有的钱和物作为最后一次党费交给组织，表现出一个共产党员高度的组织观念和对党的无限忠诚。在和平的环境里，也有许多共产党员自愿多交党费，有的同志在临终时嘱托亲属，将自己的毕生积蓄交给党组织，有的同志将自己的劳动致富所得不是作为遗产留给后代，而是作为党费交给党组织，这些同志都是值得我们每个党员认真学习的。

大学生是中国特色社会主义事业的建设者和接班人，党一贯重视在高校中发展品学兼优、符合党员条件的大学生加入中国共产党。要始终把政治标准放在首位，严格发展程序和纪律，做好发展学生党员工作。

历史学习小故事

集体创业——西迁人

20世纪50年代，新中国成立，百业待兴。

“一五”计划启动后，西安成为机械电力工业基地，苏联援建的156个项目中西安有17项，迫切需要技术人才。但西安高教力量薄弱，不能满足工业化建设的要求。与此同时，国民党反动势力仍然猖獗，不时对上海进行轰炸；美国派遣第七舰队进驻台湾海峡，沿海形势紧张。基于社会主义发展和国防建设的考量，1955年4月，中共中央和国务院决定将交通大学从上海迁至西安。

1955年5月25日，时任交通大学校长的彭康向师生们公布了西迁的决定。经过几个月的动员和筹备，1956年，数千名交通大学师生响应党和国家号召，乘坐绿皮火车，从繁华热闹的上海来到千年古都西安，并在此扎下根来，为国家现代化建设和西部的文教事业发展奉献出青春年华。

西迁人集体，从来不是一个简单抽象的符号，在它背后，是一个个生动的、有血有肉的人。“党让我们去哪里，我们就背上行囊去哪里”“哪里有事业，哪里有爱，哪里就是家”“到祖国最需要的地方干事创业”……回顾交通大学西迁的历程，西迁人集体的爱国热情仿佛就在眼前。

交通大学西迁之时，校长彭康已年近花甲，但是却始终保持着高昂的斗志和充沛的精力。彭康坚定不移地认为，迁校是党和国家交给交大的一项重要任务，做好这件事不但有利于国家、民族，也必然有利于学校和师生员工。在他的工作进程中，计划、队伍、步骤、方法等环环紧扣，步步到位，并切实加强宣传教育，在党内外形成统一意志，及时解决思想认识问题，克服迁校中的实际困难。因此，迁校工作进展迅速，新校区建设和师生搬迁等许多方面都走到了前头。在紧张的迁校过程中，学科专业建设仍有很大进展，教学质量得到切实保证，科学研究也全面开展起来。1955 年全校有科研项目 55 个，1956 年增加到 78 个，至 1957 年更是超过了 100 项，并与 50 多个工厂建立了科研协作关系。

钟兆琳教授非常支持西迁。周恩来总理提出，钟先生年龄较大，身体不好，夫人又卧病在床，可以留在上海。但他表示："上海经过许多年发展，西安无法和上海相比，正因为这样，我们要到西安办校扎根，献身于开发共和国的西部""大学教师是高层的知识分子，决不能失信于人，失信于西北人民"。他踊跃报名，把瘫痪在床的夫人安顿在上海，由小女照顾，自己孤身一人第一批来到了西安。

著名热力工程学家和机械工程专家陈大燮当时已身患糖尿病，按当时的医疗水平，在上海这样发达的大城市都难以治疗，更何况是西安。但他仍然舍弃了上海的优越生活，交出上海的房产，义无反顾偕夫人一起，赴西安参加建校工作。在迁校、建校那些难忘的日子里，在扎根西部艰苦奋斗的漫长岁月中，他顾大局、讲奉献，充分体现了交大人朴素实干的风貌。1957 年，在西安部分新生入学典礼上，陈大燮说："我是交通大学包括上海部分和西安部分的教务长，但我首先要为西安部分的学生上好课。"

2017 年 12 月 11 日，习近平总书记对西迁事迹作出重要指示，向当年响应国家号召献身大西北建设的交大老同志们表示敬意和祝福，希望西安交通大学师生传承好"西迁精神"，为西部发展、国家建设奉献智慧和力量。2019 年 9 月，全国"最美奋斗者"表彰大会在北京举行。西安交通大学"西迁人"爱国奋斗先进群体被授予"最美奋斗者"称号。2020 年 4 月，习近平总书记在陕西考察期间来到西安交通大学，深刻阐释了"西迁精神"的核心和精髓，并勉励广大师生大力弘扬"西迁精神"，抓住新时代新机遇，到祖国最需要的地方建功立业，在新征程上创造属于我们这代人的历史功绩。

西迁人集体以自身的艰苦奋斗，表现了与党同心同德的高尚情操，共同铸就了可歌可泣的“西迁精神”，是爱国主义的真实写照，是一代中国知识分子响应党的号召为建设祖国西部而无私奉献的壮丽凯歌。岁月荏苒，山河依旧，西迁人集体将永远彪炳史册。

（摘编自周远主编《集体主义》，西安交通大学出版社，2020，第86–90页）

第三节

党员的基本要求

党章第二条规定："中国共产党党员是中国工人阶级的有共产主义觉悟的先锋战士。中国共产党党员必须全心全意为人民服务，不惜牺牲个人的一切，为实现共产主义奋斗终身。中国共产党党员永远是劳动人民的普通一员。除了法律和政策规定范围内的个人利益和工作职权以外，所有共产党员都不得谋求任何私利和特权。"这是对党员本质特征的高度准确的概括，同时也是对一名合格党员最基本的要求。

一、努力成为有共产主义觉悟的先锋战士

作为一名共产党员，是否具有共产主义觉悟是衡量其是否合格的重要标准。共产主义觉悟主要体现在以下几个方面：第一，必须要有坚定的共产主义信念。坚定的共产主义信念不是与生俱来的，而是通过认真学习马克思主义基本理论，在深刻把握人类社会发展规律的基础上发展起来的。第二，必须要有崇高的共产主义思想境界。树立崇高的共产主义思想境界，必须不断解放思想，更新观念，弘扬与时俱进的创新精神，善于摒弃和克服一切传统落后的、非共产主义的思想观念，敢于抵制和反对封建主义和资本主义腐朽思想等价值观念，始终注重自身的党性锻炼。第三，必须要有为共产主义事业奋斗的过硬本领。共产主义作为一项伟大的运动，需要经历若干个发展阶段，需要一代又一代共产党人一步一步地为之奋斗。共产党员既要仰望星空，也要脚踏实地，将共产主义信念化为刻苦学习、努力钻研、踏实工作的实践，为实现党在现阶段的奋斗目标而不懈努力。

二、时刻牢记全心全意为人民服务的根本宗旨

全心全意为人民服务，是中国共产党一贯坚持的根本立场和根本宗旨，是党的先进性和纯洁性的本质表现，它要求每个党员要坚持党和人民的利益高于一切，以个人利益服从党和人民的利益，自觉地使个人的一切追求服从和适合于党和人民事业的需要。当前，我国仍然处于社会主义初级阶段，共产党员和广大人民群众一样，也有自己的个人利益追求。社会主义市场经济承认个人可以合理合法地追求和实现自己的合法利益，自己合法利益的实现也是维持个人生存和发展的必要条件。但对于共产党员而言，决不能把个人利益置于党和人民利益之上，更不能因此而一味地追求个人利益。当共产党员的个人利益与人民利益发生矛盾时，一个真正的共产党员应该坚持党和人民利益高于一切，个人利益无条件服从党和人民的利益。

知识链接

坚持人民至上。党的根基在人民、血脉在人民、力量在人民，人民是党执政兴国的最大底气。民心是最大的政治，正义是最强的力量。党的最大政治优势是密切联系群众，党执政后的最大危险是脱离群众。党代表中国最广大人民根本利益，没有任何自己特殊的利益，从来不代表任何利益集团、任何权势团体、任何特权阶层的利益，这是党立于不败之地的根本所在。只要我们始终坚持全心全意为人民服务的根本宗旨，坚持党的群众路线，始终牢记江山就是人民、人民就是江山，坚持一切为了人民、一切依靠人民，坚持为人民执政、靠人民执政，坚持发展为了人民、发展依靠人民、发展成果由人民共享，坚定不移走全体人民共同富裕道路，就一定能够领导人民夺取中国特色社会主义新的更大胜利，任何想把中国共产党同中国人民分割开来、对立起来的企图就永远不会得逞。

——《中共中央关于党的百年奋斗重大成就和历史经验的决议》
（2021年11月11日中国共产党第十九届中央委员会第六次全体会议通过）

三、党员永远是劳动人民的普通一员

从来源上看，中国共产党党员作为中国工人阶级、中国人民和中华民族的先锋战士，来自工人、农民、知识分子等劳动者队伍；从社会地位上看，共产党员同其他劳动群众是完全平等的，没有高低贵贱之分。中国共产党是中国的执政党，党的领导和执政地位是时代的选择、人民的选择。无产阶级政权是要为人民所有、为人民所用。对于这一点，共产党员必须时刻保持清醒，要时刻牢记手中的权力是党和人民赋予的，绝不是自封的，更不是个人的私有工具。因此共产党员要始终保持劳动人民的本色，永远根植于群众之中，始终同劳动群众同呼吸、共命运、心连心，坚决防止和克服脱离群众、凌驾于人民群众之上的现象。同时，共产党员必须同每一位普通劳动者一样，只能在法律和政策规定的范围内取得自己的利益，绝不允许以任何名义牟取私利和特权。无论在生活中还是学习中，共产党员都要成为劳动人民的表率，并且同人民群众打成一片，既要做一名普通的劳动者，又要勇于担当、积极作为，充分发挥共产党员的先锋模范带头作用。

第四节
正确认识党员的义务和权利

党章第三条明确规定了党员的八项义务，第四条明确规定了党员的八项权利。每名党员都必须认真履行党员义务，正确行使党员权利。

一、认真履行党员义务

党章第三条规定，党员必须履行下列义务：

（1）认真学习马克思列宁主义、毛泽东思想、邓小平理论、“三个代表”重要思想、科学发展观、习近平新时代中国特色社会主义思想，学习党的路线、方针、政策和决议，学习党的基本知识和党的历史，学习科学、文化、法律和业务知识，努力提高为人民服务的本领。

（2）增强“四个意识”、坚定“四个自信”、做到“两个维护”，贯彻执行党的基本路线和各项方针、政策，带头参加改革开放和社会主义现代化建设，带动群众为经济发展和社会进步艰苦奋斗，在生产、工作、学习和社会生活中起先锋模范作用。

（3）坚持党和人民的利益高于一切，个人利益服从党和人民的利益，吃苦在前，享受在后，克己奉公，多做贡献。

（4）自觉遵守党的纪律，首先是党的政治纪律和政治规矩，模范遵守国家的法律法规，严格保守党和国家的秘密，执行党的决定，服从组织分配，积极完成党的任务。

（5）维护党的团结和统一，对党忠诚老实，言行一致，坚决反对一切派别组织和小集团活动，反对阳奉阴违的两面派行为和一切阴谋诡计。

（6）切实开展批评和自我批评，勇于揭露和纠正违反党的原则的言行和工作中的缺点、错误，坚决同消极腐败现象作斗争。

（7）密切联系群众，向群众宣传党的主张，遇事同群众商量，及时向党反映群众的意见和要求，维护群众的正当利益。

（8）发扬社会主义新风尚，带头实践社会主义核心价值观和社会主义荣辱观，提倡共产主义道德，弘扬中华民族传统美德，为了保护国家和人民的利益，在一切困难和危险的时刻挺身而出，英勇斗争，不怕牺牲。

上述八项党员义务是党对每个党员的基本要求，明确了每个党员应尽的职责，对每一个党员都具有同等的约束力。党员履行义务是保持党的先进性，提高党的战斗力，保证党的基本理论、基本路线、基本方针贯彻执行的需要。认真履行党员义务是每个党员应尽的职责：每个党员都应该加强理论学习，原原本本读原文，认认真真悟道理，真正做到真学真懂真信真用；每个党员都应该时刻谨记全心全意为人民服务，永远与最广大的人民群众站在一起，扮演好自己的社会角色，在每一个社会岗位上发挥自己的力量，用自身行为诠释党的宗旨；每个党员都要遵守党的纪律，时刻谨记维护党的团结，时刻自省，坚持把纪律推在前面，不断增强组织纪律性。

在新时代的征程上，全党同志一定要抓住人民最关心最直接最现实的利益问题，坚持把人民群众关心的事当作自己的大事，从人民群众关心的事情做起，多谋民生之利，多解民生之忧，在幼有所育、学有所教、劳有所得、病有所医、老有所养、住有所居、弱有所扶上不断取得新进展，不断促进社会公平正义，不断促进人的全面发展、全体人民共同富裕。

——习近平在党的十九届一中全会上的讲话（2017 年 10 月 25 日）

知识链接

预备党员的权利和义务

预备党员的预备期为一年。党组织对预备党员应当认真教育和考察。预备党员的义务同正式党员一样。预备党员的权利，除了没有表决权、选举权和被选举权以外，也同正式党员一样。

二、正确行使党员权利

党章第四条规定，党员享有以下权利：

（1）参加党的有关会议，阅读党的有关文件，接受党的教育和培训。

（2）在党的会议上和党报党刊上，参加关于党的政策问题的讨论。

（3）对党的工作提出建议和倡议。

（4）在党的会议上有根据地批评党的任何组织和任何党员，向党负责地揭发、检举党的任何组织和任何党员违法乱纪的事实，要求处分违法乱纪的党员，要求罢免或撤换不称职的干部。

（5）行使表决权、选举权，有被选举权。

（6）在党组织讨论决定对党员的党纪处分或作出鉴定时，本人有权参加和进行申辩，其他党员可以为他作证和辩护。

（7）对党的决议和政策如有不同意见，在坚决执行的前提下，可以声明保留，并且可以把自己的意见向党的上级组织直至中央提出。

（8）向党的上级组织直至中央提出请求、申诉和控告，并要求有关组织给以负责的答复。

上述八项党员权利是党员参加党内事务、发挥作用的有力保证，是党内生活民主化、正常化、规范化的体现。党的任何一级组织直至中央都无权剥夺党员的上述权利。每个申请入党的同志都要熟悉这八项权利，党员更要珍惜和维护这些权利，在自己的生活、学习、工作中正确行使这些权利。正确行使权利也是每个党员应尽的职责：一要坚持党的纪律面前人人平等，每个党员无论职位高低、年龄大小，都不享有除党章规定的八项权利以外的任何特权；二要正确认识八项权利，合理正确地行使和保护好自己的八项权利，任何时候都应该以党的利益为先，任何行使自己权利的出发点都应该是党的利益，同时也要注意行使权利时不可侵犯其他党员的权利；三要解决好不能正确行使权利的问题，解决好某些党员不参加组织生活，不发表意见，提建议从自身利益出发等问题。

三、党员的义务和权利是辩证的统一体

马克思在《国际工人协会共同章程》中说过："没有无义务的权利，也没有无权利的义务。"①

党员的义务和权利是辩证统一的。党员的义务和权利相互联系，相互依存，相辅相成。党员的权利是党员履行义务的保证，党员没有相应的权利就无法有效地履行应尽的义务。履行义务是行使权利的前提，党员不履行义务就无法享有相应的权利。把义务和权利对立起来，割裂开来，要求只享有权利，不尽义务，或是只要党员尽义务，无视党员权利的做法，都是不正确的。

党员的权利义务是历史和现实的统一。纵观我们党 一百多年成长、成熟、发展、自我革命的历史，党员的权利义务也随着历史和时代的发展不断丰富完善。党的第七次全国代表大会系统总结了土地革命和抗日战争的经验教训，第一次把党员的权利义务问题提上议程。根据新时代的要求，党的十九大通过的《中国共产党章程（修正案）》对党员的义务进行了完善，增写了认真学习习近平新时代中国特色社会主义思想，自觉遵守党的政治纪律和政治规范，勇于揭露和纠正违反党的原则的言行，带头实践社会主义核心价值观，弘扬中华民族传统美德等内容，对党员队伍建设提出新要求。2022 年 10 月 22 日，党的二十大通过的《中国共产党章程（修正案）》，在党员一章对党员的义务进行了完善，增写学习党的历史，增强"四个意识"、坚定"四个自信"、做到"两个维护"的内容，对于引导广大党员经常对照党章规定和要求，深刻领悟"两个确立"的决定性意义，始终坚定理想信念、牢记初心使命，在思想上政治上行动上同以习近平同志为核心的党中央保持高度一致，更加积极地奋进新征程、建功新时代，具有重要意义。

党员的权利义务是理论和实践的统一。党员的权利和义务不能是书本上

---

① 马克思：《国际工人协会共同章程》，载《马克思恩格斯选集》（第三卷），人民出版社，2012，第 172 页。

的理论，而是要真真切切落到实处，贯穿每一个党员的生活、学习、工作之中。每一名党员都应该时刻将党员的权利和义务牢记心间，实践于行为之上，切实发挥党员的先锋模范作用。

党员的权利义务是责任和素质的统一。每个党员都有责任履行自己的义务，行使自己的权利，这需要党员正确理解党的基本路线、方针、政策，主动关注党和国家的发展，需要党员具备良好的个人素质。党员必须不断提高自身的政治素养和综合素质，不但要学好政治理论，也要学精专业知识，做到思想领先、学业精通、工作勤勉，困难面前抢在前，关键时刻冲在前，以实际行动展示共产党员的先进性。

党员的八项义务是从思想上、政治上、组织上、作用上，以及科学文化和业务水平上，对党员提出严格的要求，并按此要求对党员进行教育、鞭策和检验。党员的八项权利，是为党员在思想上、政治上、组织上、作用上，以及科学文化和业务水平提高上提供相应平台和措施，并积极完善平台，为党员最大化行使权利提供坚实的保障。党员义务和权利是相互联系、互相依存、相辅相成的两个方面。党员履行义务和行使权利，都是为了党和人民的利益，都必须服从党的当前任务和最终目标。共产党员履行的义务是为实现党的纲领，完成党的任务所必须承担的职责，享有的权利也不是个人特权，而是为发挥党员积极作用、维护党的利益，完成党的任务而享有的政治权利。如果不享有应有的权利，也就难以履行自己的义务，同时从根本上说，不履行党员义务的人，也不可能正确行使党的权利。每一名党员都要正确认识和处理义务与权利、责任与担当、行使权利与遵守纪律的辩证统一关系。党员行使权利必须以履行义务、担当责任、遵守纪律为前提。

延伸阅读

“扫雷英雄”杜富国：排雷，是我的使命

2018 年 10 月 11 日 14 时 39 分许，老山西侧，坝子雷场，一位战士发现了一枚少部分露于地表的加重手榴弹。他对同组作业的战友说“你退后，让

我来”，独自上前排弹。

排弹时，这颗深藏地下 30 多年的手榴弹爆炸了，瞬间将这位战士的双手炸飞、眼球震碎。

负伤后刚苏醒的那些天，他总是对医护人员说：“我得加强锻炼，让自己好得快一点，这样就能早点回去扫雷了。”

虽然双手已截肢，他仍没有放弃。“现在科技很发达，装上智能手，还可以扫雷。”

当得知眼球也将被摘除，不能再上雷场时，他依然牵挂着扫雷。他说：“如果可以，我想学学播音，把扫雷故事讲给更多人听，让更多人了解和支持扫雷工作。”

这位战士叫杜富国——中国人民解放军陆军某扫雷排爆大队战士，1991 年 11 月出生，2010 年 12 月入伍，中共党员。

守护边疆百姓安全是我的使命

就在杜富国出事前不到一个月，一名服役期满的战友私下问他“走不走”。他答道：“活没干完就退伍，谁来扫雷！”

对于生在和平年代的我们来说，战火硝烟早已成为历史。但中越边境云南段中方一侧土地里遗留的上百万枚地雷和其他爆炸物，却成为雷区附近 5 万余名村民挥之不去的噩梦。2015 年夏，杜富国从云南省军区原某边防团来到扫雷大队，第一次见到了生活在雷区附近身体残缺的老乡们，那一刻，他读懂了“为人民扫雷，为军旗增辉”的誓言，暗暗下定决心：“一定要把这片雷场清除，还边境人民一片净土。”

在杜富国的军旅生涯中，曾有过 3 次选择，而他每次都选择了生死雷场。第 1 次，参军来到云南某边防团的他，主动选择进入更具挑战性的扫雷队。第 2 次，来到扫雷队后，队长发现他炊事技能不错，觉得炊事员岗位更适合他，但他坚持要到扫雷一线。第 3 次，排雷遇险，他选择了让战友退后，自己独自上前。

我们或许能从他的请战书上，寻得些许他作出这样选择的原因。2015 年 6 月，当云南边境第 3 次大面积扫雷任务下达时，他曾这样写道：“加入解放军这个光荣集体，我思索着怎样的人生才是真正有意义有价值的。衡量的唯一标准，是真正为国家做了些什么，为百姓做了些什么……我感到，冥冥之中，这就是我的使命。”

扫雷作战3年，杜富国出入雷场千余次，累计排除爆炸物2400余枚。在扫雷大队，杜富国干的活最多，背的装备最沉。扫雷大队四队队长李华健说：“‘杜富国’这3个字，是对讲机里呼叫频率最高的。他总是忙不完，大家都叫他‘雷场小马达’。”

扫雷队有个传统，新同志第一次进雷场，必须由党员干部在前面带着。他们挂在嘴边的一句话就是“跟着我的脚印走！”大队长这样教会了中队长，中队长教会了班长，班长又教会了战士……队里发展第一批党员时，有人问杜富国入党究竟为什么，杜富国诚恳地说：“我入了党，就有资格走在前面挑担子、带头干！”

“让我来”“走在前面”，杜富国始终践行着自己的入党初心。当那枚埋藏于地下的手榴弹爆炸的瞬间，他用自己的血肉之躯挡住危险，用失去双手双眼的代价，把生的希望留给了战友。

做了，就要做到最好

负伤住院后，杜富国依然坚持军营的生活制度，起床、学习、体能训练一如平常。在跑步机上，他3000米跑的最好成绩达到13分08秒，残臂完成平板支撑能坚持1分20秒。

“做了就要做好，还要做到最好”，这是杜富国的口头禅。在大伙眼中，只有初中文化的杜富国不算天资聪慧。由于文化程度不高，他在第一次专业理论考核中，成绩在全队垫底。但就是这样一名略显笨拙的兵，却有自己的做事原则——执着。

为了掌握扫雷知识，他加班加点背记，书上满是圈圈写写，考核成绩从32分到70分，再到90分，有时候还考满分。扫雷四队教导员凌应文说，如果将他的分数按时间轴连成线，简直就是一个士兵的成长曲线图。

为练习探雷针的操作，临战训练中，杜富国每天要练上万针，像绣花一样将草皮翻了个遍，胳膊酸得都抬不起来。分队长张波说，有段时间每次吃完午饭，都会看到杜富国一个人在外面“戳”地雷。

他还请战友随意埋设铁钉、硬币、弹片，通过斜放、深埋、混合、缠绕增加难度，以此训练“听声辨物”本领。经年累月，他熟练掌握10多种地雷的排除法，将探雷器练成了“第三只手”。在综合考核中，杜富国的课目成绩全优。

杜富国还创新了一些提高扫雷效率和安全性的小招法小发明：琢磨“田”字分割法，把大块的雷场分割成小块，便于多个作业组同时作业；为提高转运爆炸物的安全性和工作效率，他制作10多种存放爆炸物的沙箱……

“并非与生俱来，而是百炼成钢。”这是扫雷大队对杜富国的评语，也是杜富国成长进步的深切体悟。入伍以来，他被5个单位争相选调，先后干过4个专业，始终干一行、爱一行、钻一行、精一行，每一次角色转换都认真对待，多次获嘉奖，曾获“优秀士兵”“优秀士官”荣誉。

曾有人问杜富国：“你后悔去扫雷吗？”杜富国摇摇头，答道：“如果再有一次机会，我还选择上雷场！”如今，为了圆“讲好扫雷故事”的梦想，杜富国把执着用在学习播音上。每天除了做康复治疗，他还练习普通话。妻子王静陪他听教学录音，练习吐字、发声，一字一句都格外认真。“播音员就要有播音员的样子。”杜富国说，虽然自己离专业播音员差得还很远，但他相信，“就像当初学扫雷一样，即使从零开始，只要不断坚持，一定能进步”。

2018年11月18日，杜富国被授予一等功一次；12月20日，被评为陆军首届“四有”新时代革命军人标兵；2019年2月18日，获得“感动中国2018年度人物”荣誉；同年5月16日，荣获全国自强模范；同年5月22日，中央宣传部授予杜富国“时代楷模”称号；7月2日，杜富国先进事迹报告会在北京举行；同年7月31日，习近平授予杜富国“排雷英雄战士”荣誉称号；同年9月25日，被授予“最美奋斗者”荣誉称号 。

（摘编自《“扫雷英雄”杜富国：排雷，是我的使命》，《光明日报》2019年5月23日第6版）

第八章 加入党组织的程序

本章导读

大学生是社会主义建设者和接班人，做好在大学生中发展党员工作，把品学兼优、符合条件的大学生吸收到党内来，是加强党员队伍建设的一项重要任务。《中国共产党发展党员工作细则》坚持以党章为依据，体现了党章对发展党员工作的新要求，明确了严格、科学、规范的发展党员工作程序，是做好新形势下发展党员工作的重要遵循。必须要严格标准、严格程序、严肃纪律，做好发展党员工作。

第一节
个人自愿向党组织提出入党申请

个人自愿，是发展党员的一个基本原则。要求入党的大学生，必须自愿向所在单位党组织提出书面申请。只有自愿入党，才能自觉地用党员的标准严格要求自己，刻苦学习，积极工作，克己奉公，无私奉献，努力做一名合格的共产党员。

知识链接

党的基层组织应当把吸收具有马克思主义信仰、共产主义觉悟和中国特色社会主义信念，自觉践行社会主义核心价值观的先进分子入党，作为一项经常性重要任务。

发展党员工作应当贯彻党的基本理论、基本路线、基本纲领、基本经验、基本要求，按照控制总量、优化结构、提高质量、发挥作用的总要求，坚持党章规定的党员标准，始终把政治标准放在首位；坚持慎重发展、均衡发展，有领导、有计划地进行；坚持入党自愿原则和个别吸收原则，成熟一个，发展一个。

——《中国共产党发展党员工作细则》

党员必须发扬社会主义新风尚，带头实践社会主义核心价值观和社会主义荣辱观，提倡共产主义道德，弘扬中华民族传统美德，为了保护国家和人民的利益，在一切困难和危险的时刻挺身而出，英勇斗争，不怕牺牲。党的性质和宗旨所决定的党员的这种思想境界和行为表现，不是装腔作势的花架子，也不是故意做给别人看的，而是党员发自内心深处的自觉行动。因此，申请入党的大学生，要在自愿入党的基础上，由本人向工作、学习所在单位党组织递交书面入党申请书，郑重提出入党申请，表明自己对党的认识、入党动机、现实表现以及今后的努力方向。党组织可通过入党申请书了解和掌握要求入党的大学生的入党动机和基本情况等，制定对入党申请人的培养教育计划和安排，及时进行谈话、教育培养。

第二节
入党积极分子的确定和培养教育

一、入党积极分子的确定

根据《中国共产党发展党员工作细则》，确定入党积极分子的程序如下：

（1）党组织在收到入党申请人的入党申请书后，应当在一个月内派人同入党申请人谈话，了解基本情况。

（2）在入党申请人中确定入党积极分子，应当采取党员推荐、群团组织推优等方式产生人选，由支部委员会（不设支部委员会的由支部大会）研究决定，并报上级党委备案。

二、对入党积极分子的培养和教育

（一）指定培养联系人

入党申请人被党组织确定为入党积极分子后，党组织应当指定一至两名正式党员作为入党积极分子的培养联系人。入党积极分子培养联系人，应当由经过一定时间党内生活的锻炼、能够用党员标准严格要求自己、能够在实践中发挥先锋模范作用，并且与入党积极分子在工作、学习和生活中有密切联系的正式党员担任。

培养联系人的主要任务：

（1）向入党积极分子介绍党的基本知识；

（2）了解入党积极分子的政治觉悟、道德品质、现实表现和家庭情况等，做好培养教育工作，引导入党积极分子端正入党动机；

（3）及时向党支部汇报入党积极分子情况；

（4）向党支部提出能否将入党积极分子列为发展对象的意见。

知识链接

加强入党积极分子培养教育

坚持早教育、早发现、早培养，在高校新生中开展党的基本知识教育，提高学生对党的认识，引导学生积极向党组织靠拢。把对入党积极分子的培养教育作为发展学生党员工作的着力点，重视做好思想上入党工作。建立健全分层培养、分步衔接的入党积极分子教育体系，以校级党校和院（系）分党校为主阵地，开展党的历史和优良传统、党的基本理论和基本知识、党的路线方针政策和形势任务教育以及中国特色社会主义和中国梦教育、社会主义核心价值体系教育。探索实行党校培训与社会实践、志愿服务、谈心谈话等相结合的学生入党积极分子培养方式，帮助入党积极分子坚定理想信念，增强党性修养，端正入党动机。健全入党积极分子动态管理机制。在入党积极分子所在党组织发生变动时，注意做好培养教育工作的互相衔接。

——《中共中央组织部　中共中央宣传部　教育部党组关于进一步加强高校学生党员发展和教育管理服务工作的若干意见》（教党〔2013〕22号）

（二）对入党积极分子进行培养教育

党组织应当采取吸收入党积极分子听党课、参加党内有关活动，给他们分配一定的社会工作以及集中培训等方法，对入党积极分子进行马克思列宁主义、毛泽东思想和中国特色社会主义理论体系教育，党的路线、方针、政策和党的基本知识教育，党的历史和优良传统、作风教育以及社会主义核心价值观教育，使他们懂得党的性质、纲领、宗旨、组织原则和纪律，懂得党员的义务和权利，帮助他们端正入党动机，确立为共产主义事业奋斗终身的信念。

三、对入党积极分子的考察

党支部每半年对入党积极分子进行一次考察。党支部对入党积极分子的培养教育和考察情况，要及时如实地填写，填写考察意见时，要真实、具体、准确，既要有优点，也要写出缺点。

考察的具体方法可以采取由入党积极分子向党组织汇报自己的思想和工作情况的方法，也可以采取听取党内外群众意见的方法。入党积极分子只有经常向党组织汇报思想和工作情况，才能使党组织更多、更全面地了解他们的成熟程度，从而使党组织能够根据入党积极分子思想和工作的实际状况，实施具体的培养教育措施，为党发展合格的党员提供条件。

入党积极分子学习所在单位(居住地)发生变动，应当及时报告原单位(居住地)党组织。原单位（居住地）党组织应当及时将培养教育等有关材料转交现单位（居住地）党组织。现单位（居住地）党组织应当对有关材料进行认真审查，并接续做好培养教育工作。培养教育时间可连续计算。

历史学习小故事

扶贫路上的青春之花——黄文秀

有些人从山里走了，就不再回来，你从城里回来，却再没有离开。来的时候惴惴，怕自己不够勇敢，走的时候匆匆，留下最美的韶华。百色的大山，你是最美的朝霞，脱贫的战场，你是醒目的黄花。

学生时代的黄文秀，快乐得像一只小鸟。她不是校园里的风云人物，但每次集体活动，总是第一个报名。2008年，黄文秀考入山西长治学院，大学期间加入了中国共产党。2013年，她考入北京师范大学攻读硕士学位，毕业后，黄文秀放弃在大城市就业的机会，回到家乡革命老区百色，在脱贫攻坚第一线倾情投入、奉献自我，用美好青春诠释了共产党人的初心使命，谱写了新时代的青春之歌。

向阳之花，面对苦难奋勇前行

黄文秀出生于百色革命老区的田阳县巴别乡，自小生活困苦，住在砖头瓦块垒砌的房子中，没有任何粉刷，家里甚至连像样的饭桌都没有。她的学生时代正是靠着扶贫资助，才得以继续学业。黄文秀的高中同学评价她："她最大的特点就是爱笑，不管遇到什么困难，她都是面带笑容，积极向上。在她身上总是体现着很阳光的一面。" 而她身边的朋友对她的评价不乏努力、阳光、真诚、开朗等词语。"她阳光、活泼，有自己的追求。"黄文秀的高中班主任李品忠说道，"她是家里面最小的，父母的身体也不好。通过筛选之后获得了资助。在受到资助之后，她在管理班级和学习方面更加积极主动，她想用自己的努力来回报这一份资助。"她开朗的个性也不断影响着身边的同学和朋友，带给他人进取的动力和乐观的精神。

坚毅之花，坚决走好扶贫"长征路"

2018 年 3 月，因百坭村扶贫工作的需要，领导找到在百色市委宣传部任职的黄文秀，问她愿不愿意过去扶贫。那里地处偏远，社情复杂，但黄文秀毅然挑起这个重担。实际上，黄文秀当时的家庭状况并不理想，父母皆重病在身，需要照料，但黄文秀并没有将这个状况告诉任何一名同事，更没有抱怨。

到村之后，村民们对她并不信任，认为她太过年轻，来扶贫不过是"走走过场"。黄文秀委屈但并不气馁，她写下："要想让老百姓接近我，就得让老百姓觉得我和他们是一样的。"她拿出山里人的拧劲，挨家挨户地走访、做事，加上她积极开朗极具感染力的性格，终于与村民打成一片，村民们也亲切地叫她"文秀姑娘"。她铆着劲做村里人的"贴心人"，帮大家甩掉"穷帽子"。她通过走访，发现制约发展的最大问题是交通，于是想尽办法为村里修了路。她还找来了农业技术人员进行指导，培养致富带头人。村民最开始没有人想当致富带头人，她便三番五次去游说，并且对村民说："你只用负责带领大家管好果，剩下的一切问题都由我负责。"她手把手地教村民如何管好果种好果，一切亲力亲为。黄文秀的这些举动，不仅打动了村民，还打通了百坭村的小康之路。

驻村扶贫一年后，她在工作日记上写道："在我驻村满一年的那天，我的汽车仪表盘的里程数正好增加了两万五千公里，我简单地发了一条朋友圈'我心中的长征，驻村一周年快乐'。"

奉献之花，用生命诠释初心使命

2019 年 6 月 14 日，一条可以灌溉几百亩农田的水渠被山洪冲断。黄文秀为此心急如焚，第一时间带领两位村干部到现场查看灾情。为了赶上17日早上的扶贫工作会议，尽快解决农田问题，6月16日晚，黄文秀决定连夜赶回村里。刚要出发的时候，还是小雨，同事们劝黄文秀天黑不要出发，但她还是坚持赶路，不料出发不久，淅淅沥沥的小雨渐渐下大，很快变成了大暴雨，持续暴雨引发山洪，淹没了山路，肆虐的山洪，将黄文秀30岁的青春永远定格在扶贫路上。

她走在扶贫之路上，舍弃了漂亮的鱼尾裙，穿上运动裤运动鞋，把真情献给山村，用生命回报了家乡，温暖了身边的每一个人。青春之花，绽放在祖国最需要的地方，生命虽然短暂，但永远散发芬芳。

翻开黄文秀的入党申请书，其中写道："一个人要活得有意义，生存得有价值，就不能光为自己而活，要为他人、为国家、为民族、为社会，用自己的力量，努力作出贡献。"

2021年2月25日，习近平总书记在全国脱贫攻坚总结表彰大会上庄严宣布我国脱贫攻坚战取得了全面胜利。会上，黄文秀等10名同志及河北省塞罕坝机械林场等10个集体被党中央、国务院授予"全国脱贫攻坚楷模"荣誉称号。

（摘编自周远主编《乐观主义》，西安交通大学出版社，2020，第134–139页）

第三节
发展对象的确定和考察

一、发展对象的确定

《中国共产党发展党员工作细则》中明确规定：对经过一年以上培养教育和考察、基本具备党员条件的入党积极分子，在听取党小组、培养联系人、党员和群众意见的基础上，支部委员会讨论同意并报上级党委备案后，可列为发展对象。

党组织确定入党积极分子为发展对象，一般按照以下程序办理：

（1）党小组对入党积极分子的表现情况进行讨论研究，提出能否列为发展对象的意见。

（2）党支部认真听取党小组、培养联系人、党员和群众的意见。

（3）支部委员会（不设支部委员会的由支部大会）将党小组、培养联系人、党员和群众的意见进行综合，经过讨论研究，确定发展对象人选。

（4）党支部将发展对象人选报上级党委备案后，列为发展对象。

确定发展对象，是发展党员工作中的一个重要环节，对保证发展党员质量有着十分重要的作用，要严格把好这一关口。确定发展对象应注意以下问题：一要严格标准。按照党章规定的党员条件，看入党积极分子是否基本具备了党员条件。要按党章规定的党员标准一条一条地对照，不能以偏概全，更不能片面地以学业成绩、工作业绩或能人标准代替党员标准。二要严格程序。对符合条件的入党积极分子，要在听取党小组、培养联系人、党员和群众意见的基础上，支部委员会讨论同意并报上级党委备案后，才可列为发展对象。三要严格把关。上级党委要充分发挥领导和把关作用，对党支部上报的发展对象人选进行认真审查，研究提出备案意见。四要严格监督。实行发展对象公示制，自觉接受党员和群众的监督。

知识链接

几个关键时间点的确定

申请入党时间：符合党章第一条规定，向党组织正式提交的入党申请书的落款时间。

确定为入党积极分子时间：支委会开会讨论研究，通过其为入党积极分子的时间。

确定为发展对象的时间：上级党委备案同意其确定为发展对象的时间。

二、确定入党介绍人

（一）确定两名入党介绍人

发展对象应当有两名正式党员作入党介绍人。入党介绍人一般由培养联系人担任，也可由党组织指定。

具体要注意以下几个方面：

（1）入党介绍人一般由培养联系人继续担任，若因特殊情况培养联系人不能再担任的，由党支部指定；

（2）发展对象的直系亲属，不能担任其入党介绍人；

（3）受留党察看处分、尚未恢复党员权利的党员，不能担任入党介绍人；

（4）发展对象所在党支部没有符合条件的正式党员时，也可以由上级党组织所属的其他支部的正式党员担任；

（5）确定入党介绍人应征求本人意见，不能硬性指派；

（6）入党介绍人因升学毕业、工作调动等原因，不能继续履行责任时，党支部需要重新确定入党介绍人，原入党介绍人和新入党介绍人需要做好交接工作。

（二）入党介绍人的主要任务

（1）向发展对象解释党的纲领、章程，说明党员的条件、义务和权利；

（2）认真了解发展对象的入党动机、政治觉悟、道德品质、工作经历、现实表现等情况，如实向党组织汇报；

（3）指导发展对象填写《中国共产党入党志愿书》，并认真填写自己的意见；

（4）向支部大会负责地介绍发展对象的情况；

（5）发展对象批准为预备党员后，继续对其进行教育帮助。

三、进行政治审查

《中国共产党发展党员工作细则》规定：党组织必须对发展对象进行政治审查。

（一）政治审查的主要内容

（1）对党的理论和路线、方针、政策的态度；

（2）政治历史和在重大政治斗争中的表现；

（3）遵纪守法和遵守社会公德情况；

（4）直系亲属和与本人关系密切的主要社会关系的政治情况。

（二）政治审查的基本方法

（1）同本人谈话、查阅有关档案材料、找有关单位和人员了解情况。

（2）对流动人员中的发展对象进行政治审查时，应当征求其户籍所在地和居住地基层党组织的意见；对户籍不在学校的在校生，应征求其户籍所在地基层党组织（乡镇社区党委）的意见。

（3）在听取本人介绍和查阅有关材料后，情况不清楚的可进行必要的函调或外调。函调或外调只能由县（市、区）党委及其组织部门，或相当于县级以上的机关、学校、企事业单位党委及其组织部门直接发函索取调查证明材料。

政治审查必须严肃认真、实事求是，注重本人的一贯表现。

凡是未经政治审查或政治审查不合格的，不能发展入党。

四、开展短期集中培训

《中国共产党发展党员工作细则》规定，基层党委或县级党委组织部门应当对发展对象进行集中培训。未经培训的，除个别特殊情况外，不能发展入党。

（一）培训主体

具有发展党员审批权限的基层党委负责组织发展对象参加短期集中培训。

（二）培训方式和时间

培训方式：短期集中培训，不能以分散自学代替集中培训；培训时间：一般不少于三天（或不少于二十四个学时）。

（三）培训内容

培训内容主要为党章、《关于新形势下党内政治生活的若干准则》等。

第四节
预备党员的接收

一、支部委员会审查

（一）支部委员会研究审查

召开支部委员会，听取入党介绍人关于发展对象的情况汇报，对发展对象有关问题进行严格审查并形成书面记录。

（二）上报预审材料

经支部委员会集体讨论审查合格后，将发展对象的入党申请书、思想汇报、入党积极分子培养教育和考察情况、政治审查结论性材料、参加短期集中培训情况、发展对象综合审查情况、其他需要上级党委审查的材料以及预审请示，报具有审批权限的基层党委预审。

二、上级党委预审

基层党委在接到支部委员会上报的预审材料后，对发展对象的条件、培养教育情况等进行审查。

（1）指定专人审查。主要审查以下内容：入党材料是否齐全、清楚；是否经过一年以上的培养教育和考察，培养教育和考察的措施是否扎实有效；是否经过政治审查，主要问题是否清楚；是否参加短期集中培训并合格；是否广泛听取党员和群众意见；入党动机是否端正；各方面表现是否突出，先进性是否明显等。对材料不全的，应通知支部委员会补报有关材料。

（2）根据需要听取执纪执法相关部门的意见。

（3）审查结果以书面形式通知党支部，并向审查合格的发展对象发放《中国共产党入党志愿书》。

发展对象未来三个月内将离开工作、学习单位的，一般不办理接收预备党员的手续。

原所在地党组织应该认真负责地将他们的入党申请书、培养教育和考察材料等，连同本人档案，及时转给接收单位（居住地）党组织。

三、填写《中国共产党入党志愿书》

《中国共产党入党志愿书》是党组织接收和审批新党员的主要依据，记载着入党申请人的入党申请、入党时的主要情况和全部审批过程，是党员本人档案材料的重要内容，是党员的永久性档案材料。

填写《中国共产党入党志愿书》前，党支部负责人和入党介绍人应对发展对象进行党的基本知识和对党忠诚的教育，对填写《中国共产党入党志愿书》的目的和意义、填写内容和要求作详细说明。

发展对象要严肃认真、忠诚老实地填写《中国共产党入党志愿书》。

四、支部大会讨论

（一）支部大会讨论接收预备党员

经基层党委预审合格的发展对象，由支部委员会提交支部大会讨论。召开讨论接收预备党员的支部大会，有表决权的党员到会人数必须超过应到会有表决权党员人数的半数。

知识链接

预备党员必须由党委（工委）审批。

乡镇（街道）党委所属的基层党委，不能审批预备党员，但应当对支部大会通过接收的预备党员进行审议。

党总支不能审批预备党员，但应当对支部大会通过接收的预备党员进行审议。

除另有规定外，临时党支部不能接收、审批预备党员。

党组不能审批预备党员。

支部大会讨论接收预备党员的主要程序：

（1）发展对象汇报情况。发展对象汇报对党的认识、入党动机、本人履历、家庭和主要社会关系情况，以及需要向党组织说明的问题。

（2）入党介绍人介绍情况。入党介绍人介绍发展对象的有关情况，并对其能否入党表明意见。

（3）支部委员会报告对发展对象的审查情况。支部委员会主要报告发展对象的基本情况和现实表现，对发展对象的政治审查情况，征求党员和群众意见情况，公示情况，基层党委对发展对象的预审情况，其他需要向支部大会说明的问题等。

（4）与会党员进行讨论表决。与会党员对发展对象能否入党进行充分讨论，并采取无记名投票方式进行表决。赞成人数超过应到会有表决权的正式党员的半数，才能通过接收预备党员的决议。因故不能到会的有表决权的正式党员，在支部大会召开前正式向党支部提出书面意见的，应当统计在票数内。

支部大会讨论两个以上的发展对象入党时，必须逐个讨论和表决。

（二）支部大会作出决议

党支部应及时将支部大会决议写入《中国共产党入党志愿书》。支部大会决议主要包括：发展对象的主要表现；应到会和实际到会有表决权的党员人数；表决结果；通过决议的日期；支部书记签名。

（三）上报上级党委

党支部应当及时将《中国共产党入党志愿书》，连同本人入党申请书、政治审查材料、培养教育考察材料等，一并报上级党委审批。

五、上级党委派人谈话

基层党委在审批预备党员前，应当指派党委委员或组织员同发展对象谈话，作进一步了解，并帮助发展对象提高对党的认识。

谈话内容主要包括：发展对象对党的认识，入党动机，掌握党的基本理论和基本知识的情况，在重大政治斗争中的表现情况，目前的优缺点，以及其他需要说明的问题。

谈话人应当将谈话情况和自己对发展对象能否入党的意见，如实填写在《中国共产党入党志愿书》上，并及时向党委汇报。

六、上级党委审批

（一）审查材料

党委对党支部报送的发展对象的《中国共产党入党志愿书》及有关材料进行认真审查。如发现报送的材料不全或存在其他问题，应抓紧了解清楚或让党支部补报。

（二）召开党委会审批

党委审批预备党员，必须集体讨论和表决。

党委主要审议发展对象是否具备党员条件、入党手续是否完备。发展对象符合党员条件、入党手续完备的，批准其为预备党员。

党委会审批两个以上的发展对象入党时，应当逐个审议和表决。

党委对党支部上报的接收预备党员的决议，应当在三个月内审批，并报上级党委组织部门备案。如遇特殊情况可适当延长审批时间，但不得超过六个月。

（三）作出批复

党委审批意见写入《中国共产党入党志愿书》，注明被批准的预备党员预备期的起止时间，并通知报批的党支部。党支部应当及时通知本人并在党员大会上宣布。对未被批准入党的，应当通知党支部和本人，做好思想工作。

七、上一级党委组织部门备案

具有审批权限的基层党委应当及时将对预备党员的审批情况报上一级党委组织部门备案。

第五节
预备党员的教育、考察和转正

一、编入党支部和党小组

党组织应当及时将上级党委批准的预备党员编入党支部或党小组，对预备党员继续进行教育和考察。

二、入党宣誓

预备党员必须面对党旗宣誓。入党宣誓仪式应在上级党委批准接收发展对象为预备党员后及时举行。宣誓仪式一般由基层党委或党支部（党总支）组织进行，上级党组织可以派人参加指导。

三、预备党员的教育和考察

党组织应当通过党的组织生活、听取本人汇报、个别谈心、集中培训、实践锻炼等方式，对预备党员进行教育和考察。

预备党员的预备期为一年。预备期从支部大会通过其为预备党员之日算起。党支部要认真对预备党员进行考察并如实记录。

党组织对预备党员进行考察的主要内容包括：预备党员的政治品格，对党的事业的态度，在实际行动中是否坚决拥护党的领导，在具体行动中是否践行党的方针政策，是否坚决执行党的决议，是否自觉遵守党的纪律，在学习生活中是否起到模范带头作用，在关键时刻是否敢为人先勇于担当，是否能团结身边的群众等。

考察预备党员的方法包括但不限于群众监督、介绍人汇报、党员自我汇报评价，还可以定期或不定期对预备党员进行各项抽查。群众监督是预备党员考察最普遍、最重要的形式之一，群众能对预备党员的日常学习、工作、生活情况给出更全面、更客观、更公正的评价。入党介绍人与预备党员定期交流、谈心等，既是教育，又是考察，要考察其是否表里如一，考察其行动上和思想上是否始终紧紧围绕着党和国家大局，考察其是否能不断克服自身缺点并不断进步。预备党员应当定期向党组织汇报个人近期思想、学习、工作等方面的具体情况及存在的问题等，自我总结、自我剖析、自我敦促、自我教育。

四、预备党员在预备期间应主动接受教育考察

预备党员应以认真的态度接受党组织的教育、考察，积极主动参加各类教育活动，坦诚并配合党组织对自己的考察。

预备党员应当主动与入党介绍人联系，与他们交流沟通，向他们学习党的基本理论知识、党史党章、党规党纪、入党流程、党员标准等。预备党员遇到难以理解、难以解决的问题时，应当及时地向入党介绍人请教并寻求帮助，通过主动与入党介绍人谈话，查找自身不足，不断完善自己，获得成长进步。

预备党员应主动积极参加党组织生活，在组织生活会中，自觉接受党纪约束、自觉加强党性修养和锻炼；通过党的组织生活会这一平台，认真开展批评和自我批评，认真检讨自身存在的问题，虚心倾听党内同志的批评意见，并及时改掉缺点不足，使自己得到锻炼和成长。

预备党员还应当主动承担责任。对预备党员的教育考察工作往往依托具体的活动，预备党员应发挥自身主观能动性，结合自身特长，力所能及地协助党组织开展各项教育考察活动。除此之外，预备党员还应主动承担党组织其他日常工作，为党组织的日常运行建设出一份力。

五、预备党员的转正

（一）本人提出转正申请

预备党员应在预备期满前主动向所在党支部提出转为正式党员的书面

申请。

预备党员在转正申请中，应当通过回顾总结在预备期间的表现，对照党员标准检查自己，肯定成绩和进步，找出差距和今后的努力方向，表明自己的决心。

对于入党时应向而未向党组织说明的问题，或者预备期间发生的应向党组织说明的问题，应在转正申请中写清楚。转正申请要实事求是。

（二）支部大会讨论

预备党员预备期满，党支部应当及时讨论其能否转为正式党员。

预备党员本人必须参加讨论其转正的支部大会。主要程序如下：

（1）预备党员所在党小组提出意见。预备党员本人提出转正申请后，其所在党小组要对预备党员预备期间的现实表现情况进行研究讨论，提出初步意见。

（2）党支部征求党员和群众的意见。党支部收到预备党员的转正申请后，支委会要听取其他党小组提出的意见，并征求支部党员和群众对预备党员预备期间的现实表现情况的意见，形成记录。

（3）支部委员会审查。召开支委会，对预备党员预备期间的现实表现情况、教育和考察情况、征求党员和群众意见情况，以及预备期时间等进行严格审查。

（4）支部大会讨论、表决通过。申请转正的预备党员向支部党员大会汇报自己在预备期间的表现，肯定成绩和进步，找出缺点和不足，表明自己的态度和决心，向党组织说明有关问题；预备党员所在党小组介绍预备党员在预备期间的表现情况，并提出预备党员能否按时转正的小组意见（如未设立党小组，不涉及此环节）；支委会介绍对预备党员的审查情况，并提出预备党员能否转为正式党员的意见；支部大会进行讨论，与会党员充分发表意见，并采取无记名投票的方式进行表决，作出预备党员按期转正、延长预备期或取消预备党员资格的决议，将支部大会决议写入《中国共产党入党志愿书》。讨论预备党员转正的支部大会，对到会人数、赞成人数等的要求与讨论接收预备党员的支部大会相同。

支部大会决议主要包括：预备党员在预备期间的主要表现，支部大会讨论情况，党员应到、实到人数，表决结果，通过决议的日期，支部书记签名等。

（5）报上级党委审批。党支部应当及时将《中国共产党入党志愿书》，连同本人入党转正申请书、现实表现情况、培养教育考察材料、支部征求党员和群众意见情况、支部大会开会表决情况等材料，一并报上级党委审批。

（三）上级党委审批

（1）审查材料。上级党委对预备党员转正的有关材料进行认真审查。审查内容包括：预备党员预备期间现实表现情况、党支部教育和考察情况、支部征求党员和群众意见情况、支部大会开会表决情况等。如发现报送的材料不全或存在其他问题，应抓紧了解清楚或让党支部补报。

（2）召开党委会审批。党委对党支部上报的预备党员转正的决议，应当在三个月内召开党委会集体讨论和表决。主要审议预备党员是否具备正式党员条件、转正手续是否完备，以及转正相关材料是否规范、齐全等。如果同时审批两个以上的预备党员转正决议时，应当逐个审批。

（3）作出批复。党委将审批结果及时通知党支部。审批意见填入《中国共产党入党志愿书》，写清楚党龄的起算时间。党支部接到上级党委对预备党员转正的批复后，党支部书记要与本人谈话，并及时将审批结果在党员大会上宣布。

六、几种情况

（一）关于延长预备期

《中国共产党发展党员工作细则》对于延长预备期有以下规定：

预备党员预备期满，党支部应当及时讨论其能否转为正式党员。认真履行党员义务、具备党员条件的，应当按期转为正式党员；需要继续考察和教育的，可以延长一次预备期，延长时间不能少于半年，最长不超过一年；不履行党员义务、不具备党员条件的，应当取消其预备党员资格。

预备党员违犯党纪，情节较轻，尚可保留预备党员资格的，应当对其进行批评教育或延长预备期；情节较重的，应当取消其预备党员资格。

预备党员转为正式党员、延长预备期或取消预备党员资格，应当经支部大会讨论通过和上级党组织批准。

（二）关于流动党员的管理

高校党组织对组织关系保留在学校的高校毕业生流动党员，应当继续履行管理职责。党员组织关系保留时间一般不超过两年，对符合转出组织关系的要及时转出。对出国（境）学习研究的党员，由原就读高校或者工作单位的党组织保留其组织关系，每半年至少与其联系一次。出国（境）学习研究的党员返回后按照规定恢复组织生活。

中国共产党人精神谱系之塞罕坝精神

牢记使命、艰苦创业、绿色发展

延伸阅读

美丽的高岭　精神的高地

2017 年 8 月，习近平总书记对河北塞罕坝林场建设者感人事迹作出重要指示。他指出，55 年来，河北塞罕坝林场的建设者们听从党的召唤，在“黄沙遮天日，飞鸟无栖树”的荒漠沙地上艰苦奋斗、甘于奉献，创造了荒原变林海的人间奇迹，用实际行动诠释了绿水青山就是金山银山的理念，铸就了牢记使命、艰苦创业、绿色发展的塞罕坝精神。他们的事迹感人至深，是推进生态文明建设的一个生动范例。习近平强调，全党全社会要坚持绿色发展理念，弘扬塞罕坝精神，持之以恒推进生态文明建设，一代接着一代干，驰而不息，久久为功，努力形成人与自然和谐发展新格局，把我们伟大的祖国建设得更加美丽，为子孙后代留下天更蓝、山更绿、水更清的优美环境。

“塞罕坝”是蒙语，意为“美丽的高岭”。塞罕坝位于河北省最北部的围场满族蒙古族自治县。历史上，这里水草丰沛、林木茂密，辽代时被称为“平地松林”。至清朝后期，乱砍滥伐、连年山火，到中华人民共和国成立初期，塞罕坝生态环境严重恶化，成为风沙肆虐、人迹罕至的沙地荒原。生态环境的恶化使得塞罕坝周围的农村常常遭受风沙、霜冻、水灾的侵袭，百姓苦不堪言，京津地区的城市环境和水源质量亦受到严重影响。生活环境要改善，农牧业要发展，防风固沙迫在眉睫。

塞罕坝精神的形成

中华人民共和国成立之初，塞罕坝早已退化成一片荒山秃岭。为了挡住直逼北京乃至华北的风沙，1962 年初，塞罕坝机械林场正式组建。在党和国家的号召下，来自全国 18 个省、自治区、直辖市的 130 多名农林专业的大中专毕业生，响应党的号召，满怀青春理想，来到了荒无人烟、黄沙漫天的塞罕坝。他们之中，有来自东北林学院的大学毕业生，还有白城林业机械化学校的学员和承德农业专科学校的中专毕业生。这 130 名大中专毕业生再加上林场的干部工人，一起组成了 384 人（截至 1963 年底）的建设队伍，拉开了塞罕坝机械林场艰苦创业的序幕。

58年来，一代代塞罕坝人始终牢记党和国家赋予的使命和重托，甘于奉献，艰苦奋斗，在极其恶劣的自然条件和生态环境下建成了上百万亩人工林，创造了沙漠变绿洲、荒原变林海的人间奇迹，以实际行动诠释了绿水青山就是金山银山的生态理念，也铸就了牢记使命、艰苦创业、绿色发展的塞罕坝精神。

到祖国最需要的地方去

1962 年，林业部直属塞罕坝机械林场成立，急需一批林业学生。当国家召唤的消息传到东北林学院时，学生们沸腾了。他们纷纷要求到国家最需要的地方，将自身所学运用到火热的国家建设中去。应届毕业生李桂生是一名党员，他将上坝的决定告诉家里人，却遭到家人的强烈反对，他们希望他能留在大城市。李桂生却认为：“我们这一届 100 多人，只有 6 个党员，我是党员啊，必须积极响应国家号召，要是党员都怕苦怕累，那还能干成什么事业啊？”从 1962 年秋至第二年春天，先后有 47 位东北林学院的毕业生来到塞罕坝，成为林场建场之初攻坚克难的技术主力。

东北林学院毕业生葛清晨是与林业接触最多的人。围绕着林业，他做过政治工作，搞过造林设计，修过公路，从事过计划财务工作，还担任过林产业经营管理者。1969 年，林场遭遇了雨凇灾害。在清理受灾林地时，折断的树木让塞罕坝人动起了脑筋。这些树木虽未成材，但是仍然可以利用起来。在这样的背景下，葛清晨从造林设计技术员的岗位被调到木材加工厂担任厂长，生产缝纫机用的缠线木轴心。木材厂的起步阶段非常艰难，厂里没有专职的电工和维修工，工厂的电线都是葛清晨亲自带着人架设的，电机坏了自己修，刀具钝了自己磨。一次维修机床的时候，一个碎裂的惯性轴带着巨大的冲击力向葛清晨飞过来，他本能地向一边躲闪，惯性轴擦着他的头发丝砸到对面的墙壁上，随着巨大的声响，墙面被砸出一个深坑。几十年后谈起此事时他仍心有余悸。在重重困难之下，葛清晨凭着自己的执着和坚韧，成功地把木材加工厂办了起来。

把党交给的工作做好

“把党交给的工作做好”，“做好”不是做完，是要做到最好，做到最为完美。塞罕坝人为了做好党交给的工作，付出了无数辛劳。塞罕坝原本没有樟子松。樟子松的家乡在大兴安岭，它耐寒、耐旱、耐瘠薄的特性吸引了塞罕坝机械林场的创业者们。但是，樟子松有一个致命弱点——栽植后第二年春天怕风吹。塞罕坝地势高，而且是个大风口，引进樟子松，能成功吗？1965 年春天，李兴源开始试验引进樟子松。他用雪藏法贮藏种子，5 月初将种子播入苗圃。育苗时，他从资料中得知必须用大粪做底肥，从此他就与大粪结上了缘。路上碰到马粪、驴粪、羊粪，他都一一拾到筐里，还成了附近每一所公厕的常客。他让妻子缝制了一套专门掏大粪的工作服，挂在门外，准备随时穿。松芽出土后，嫩苗最怕鸟啄，于是李兴源拿着铜锣，在苗圃周围不停地敲。第二年秋后，嫩苗才长到七八厘米高。第三年春天，他把小苗移植进大田里，观察是否适应当地气候土壤。经过三年努力，樟子松育种终于成功，并在塞罕坝推广。如今，在塞罕坝林场，落叶松面积达 68 万亩（约合 4.53 万公顷），是第一大树种，樟子松则有 14 万亩（约合 0.93 万公顷），是第二大树种。到了秋天，落叶松变得金黄，樟子松却仍旧青翠。

薪火相传　代代坚守

1984 年，刘海莹从河北林业专科学校毕业，舍弃了老家秦皇岛优越的工作条件，来到塞罕坝做了一名基层林场技术员，成为塞罕坝的第二代创业者，立志把自己所学知识和青春年华倾注到林场，做好第二代塞罕坝人。他说："人这一生总要做点什么，实现人生价值。"

刚到林场的刘海莹还不是共产党员，所以党员王凤明和他结成了对子，工作中处处帮助他，生活中常常照顾他。1989 年，表现突出的刘海莹光荣地加入中国共产党，入党介绍人正是王凤明。王凤明工作十几年，岗位调换过四五次，最苦、最偏远的林场他都干过。人们曾问他，刚干出成绩就调离，你就一点想法都没有？他憨厚地笑着说："我是个党员，党让干啥就干啥，干啥也得干好。" 2005 年，一位工人在清理水井时遇险，王凤明第一个跳进井里救人，不幸以身殉职，年仅 50 岁。在这样的英雄群体的激励下，刘海莹迅速成长。作为基层林场技术员，他每天工作在生产施工第一线，并迅速成为技术中坚。有一次，刘海莹和技术人员一起背着仪器上山进行森林抚育作业设计，随身带的烧饼滚下了山，由于交通不便，他们只好空着肚子完成了全天工作。

"这些真算不了什么，比起第一代塞罕坝人，我们的条件已经好多了。"刘海莹满足地说。20 世纪 90 年代，塞罕坝集中全场力量启动三道河口林场攻坚造林行动。在此期间，凭着突出的工作实绩，他被任命为三道河口林场副场长，主管造林工作。三道河口林场是塞罕坝所有林场中最干旱的，年降雨量不足 400 毫米。这里的土壤是沙质土，没有肥力，不保水，造林很难成功。在这种情况下，刘海莹和技术员共同研究"容器苗"造林方法，加大容器体积，增强了苗木抗旱能力。攻坚造林行动中，人们遇到这样一个难题：樟子松造林，第一年苗木都成活了，可挺过严冬后，第二年就会有许多苗木死亡。通过细致观察，刘海莹发现，这些树苗不是冻死的，而是旱死的。干旱其实分为两种。第一种情况是，沙质土壤里水分太少；另一种情况是，春天的时候，地还冻着，但苗木的上半部分已经返绿，风一吹，水分蒸发，根部又不能及时输送水分，于是树苗就被旱死了。塞罕坝春天的风很大，许多树苗就这样因风失水而死亡。"就差那么几天，如果根部水分能够及时输送，树苗就能成活。"针对这一难题，刘海莹与总场林业科的技术人员组织实施了在秋季给小树苗加盖防风土的实验。有了防风土的保护，一棵棵小树苗挺过了生理干旱这一最大难关，实验取得成功并在全场推广，塞罕坝樟子松造林成活率大大提高。

阴河林场青年先锋队

塞罕坝机械林场下属的阴河林场在2013年成立了青年先锋队。队员是从素质高、技术精、功夫硬的青年职工中选出的，每年接力换新，如今先锋队已有26名队员，年龄最小的25岁，最大的不超过40岁。虽然近年来林场下大力度改善职工的生产生活条件，但在高海拔高寒的自然环境下，工作条件依然十分艰苦。有时在山上作业，大雪阻断了回林场的路，只能待在林区等待救援。有一次一连数天，没水、没电、没手机信号，只能吃榨菜、喝稀粥、住工棚。队员魏春光所在的东腿子管护站是林场工作条件最艰苦的地方，这里没有水电，生活所需全靠林场定期补给，所住简易板房冬天透风、夏天漏雨，蛇、鼠、蚊、蝇更是常客。在这样的条件下，他已经坚守了4年。在他的"育儿式"看护下，几千亩的林木由原先的不足半米高，长到如今的两三米高。在青年先锋队里，还有一群"林三代"。他们继承了祖辈父辈的使命。"林三代"李明君说："父辈们把这片'阵地'给打下来，'攻炮楼'，我们必须上！"如今，塞罕坝林场已经进入了以保护为主，攻坚造林和基础设施建设并进的阶段，作为新一代塞罕坝人，年轻人们不断钻研创新，致力于让每一亩地都能发挥最大的生态效益。这是他们这一代的使命。

"林三代"女博士杨丽每次上山搞野外调查，都不忘带上相机拍下塞罕坝的野花，几年来她为300多种花卉拍下了上千张照片，还因此搞起了观赏花卉引种栽培的课题研究。这种以苦为乐、乐在其中、坚守职责的精神，与他们的前辈"一日三餐有味无味无所谓，爬冰卧雪冷乎冻乎不在乎"的精神，一脉相承。

如今，这些年轻的第三代林场建设者们，面对外面更好的机遇和条件，选择了塞罕坝，选择了浸透前人血汗的绿海，这是对前辈事业和精神的最好继承。一代又一代的年轻人前赴后继，来到塞罕坝贡献自己的力量，推动着塞罕坝机械林场一直向前发展。

（摘编自戴建兵、姚志军主编《塞罕坝精神》（中国共产党革命精神系列读本），中共党史出版社，2020，第79−80页）

第九章

从思想上、行动上争取早日加入党组织

本章导读

要求入党的青年学生，必须要树立正确的入党动机，认真学习科学理论，牢固树立共产主义远大理想，坚持不懈改造自己的主观世界，自觉接受党组织的教育培养，积极努力，以实际行动争取做一名合格的共产党员。

第一节

端正入党动机

每一个要求加入党组织的同志，首先要树立正确的入党动机。

一、什么是正确的入党动机

动机是指激励人们做某件事的原因。人的任何行为都具有目的性，人的行动是受思想支配的，要求入党的人，总有一定的原因和预期的目的，这个原因就是入党动机。

入党动机是申请人要求入党的思想主导问题，是其申请入党的内在原因和真实目的。要求入党的人的愿望是一样的，即加入党组织。申请入党，是推动申请人争取入党的精神动力，支配着申请人在要求入党过程中思想和行为的发展方向。入党动机有正确和不正确之分。

党除了工人阶级和最广大人民群众的利益，没有自己的特殊利益。加入党组织就必须坚持党和人民的利益高于一切的原则，个人利益要服从党和人民的利益。能正确认识这一点，能看到入党意味着要比群众牺牲更多，争取入党就是要为党和人民的利益不怕牺牲，意味着比群众多挑重担，多作贡献，有这种坚持为人民服务，为共产主义事业献身的入党动机，就是正确的入党动机。如出于个人利益或追求实惠的某种考虑，把入党看作谋求私利的一种手段或途径，对中国共产党是个什么样的党、自己为何要加入中国共产党，并没有经过认真思考，这种同党的性质和宗旨相违背的入党动机，就是不正确的入党动机。

> 一个人也好，一个政党也好，最难得的就是历经沧桑而初心不改、饱经风霜而本色依旧。党的初心和使命是党的性质宗旨、理想信念、奋斗目标的集中体现,激励着我们党永远坚守,砥砺着我们党坚毅前行。从石库门到天安门，从兴业路到复兴路，我们党近百年来所付出的一切努力、进行的一切斗争、作出的一切牺牲，都是为了人民幸福和民族复兴。正是由于始终坚守这个初心和使命，我们党才能在极端困境中发展壮大,才能在濒临绝境中突出重围,才能在困顿逆境中毅然奋起。
>
> ——习近平在“不忘初心、牢记使命”主题教育总结大会上的讲话（2020 年 1 月 8 日）

正确的入党动机之所以正确，就是因为它与党的性质、宗旨、纲领、党员条件是一致的。每一个要求入党的同志，都要认真思考入党动机这个问题。只有端正了入党动机，入党以后才能发挥一名共产党员应有的作用。党组织应当采取吸收入党积极分子听党课、参加党内有关活动，给他们分配一定的社会工作以及集中培训等方法，开展培养教育，使他们懂得党的性质、纲领、宗旨、组织原则和纪律，懂得党员的义务和权利，帮助他们端正入党动机，确立为共产主义事业奋斗终身的信念。

二、如何树立正确的入党动机

（一）必须坚持首先从思想上入党

思想上入党，是指一个人从思想上确立共产主义世界观、人生观、价值观，树立全心全意为人民服务的思想，不怕牺牲个人的一切，为实现共产主义奋斗终身，并在行动上付诸实践。简单地说，思想上入党，是指一个人的思想觉悟、政治素质、党性修养和现实表现达到了共产党员的要求。

坚持从思想上入党的根本目的和任务，是让那些在组织上入了党而思想上还没有入党或没有完全入党的人，通过党的组织生活的熔炉作用，不断提高自身的思想政治觉悟，逐渐成为工人阶级的先锋战士。

思想上入党和组织上入党，前者是基础和前提，后者是前者的表现形式。在思想上入党就是在理想信念、思想觉悟和行为等方面达到党员标准，而组织上入党则通常指党组织吸收了在思想上够格的同志，使其成为一名共产党员。从一定意义上说，有没有在思想上入党，是检验一个党员是否合格的起码标准。组织上入党，标志着自己跨入中国共产党的队伍行列，成为其中一员。组织上入党是相对思想上入党而言的，它是外在的看得见的，而在思想上入党则是内在的本质的要求，要坚持两者结合，既在组织上入党，也在思想上入党，使自己无愧于共产党员的称号。

组织上入党是一时之事，思想上入党却不是一朝一夕的事情，应该成为对党员的终身要求。思想上入党，一要树立坚定的无产阶级立场和共产主义理想信念。入党积极分子既然目标已经确定，那就要朝着这个方向去努力，要站在无产阶级革命的立场上去看待问题和处理问题，要树立崇高的革命理想，自觉抵制一切非无产阶级思想的侵扰。二要坚持不断学习，加强理论武装。一个党之所以先进，是因为有了先进理论的武装，一个党员之所以能发挥先锋模范作用，也是因为先进理论的武装，一个没有用先进理论武装的人，不可能有坚强的党性和坚定的信仰。每名入党积极分子只有用马克思主义的科学理论武装自己，才能掌握社会发展的规律，树立明确方向和奋斗目标。还要努力学习科学文化知识和技能，学习当今世界上最先进的科学技术和管理经验，使自己具有适合时代发展需求的知识结构。三要把全心全意为人民服务的宗旨作为衡量自己一切言行的标准。入党积极分子要自觉把自己的思想和行为定位在始终全心全意为人民服务上，要把是否有利于维护和实现人民群众的利益作为衡量自己一切思想和行为的标准，并努力做到思想上和行动上的统一。四要注重锤炼思想品德修养，不断改造自己的主观世界。入党积极分子要不断学习，对照党员条件，及时总结提高，克服各种不正确的思想，自觉抵制不良思想的侵蚀，努力使自己的入党动机符合党的宗旨要求。五要把思想上入党的要求充分体现到学习生活工作中。要全心全意为人民服务，在学习、生活、工作等各项活动中起先锋模范作用，要把自己的思想和言行统一起来，按照先进性的要求，始终牢记自己的职责，增强使命感和责任感。

（二）在学习和实践中端正入党动机

端正入党动机是努力做一名合格党员的起点。正确的入党动机，既不是天生的，也不是后天自然形成的，而是在不断学习、实践和改造主观世界的过程中逐步形成的。树立正确的入党动机，应该从以下几个方面加以努力：

第一，认真学习马克思主义理论，确立正确的入党动机。一个人入党动机是否正确，往往同他对共产主义事业和对党的认识正确不正确、深刻不深刻有直接关系。入党积极分子要不断加强对马克思主义基本理论的学习，不断加强对以党章为主要内容的党的基本知识的学习，不断加深对党的认识，把朴素的、感性的认识上升到自觉的、理性的高度，这是端正入党动机的基础。

第二，通过实践锻炼，不断端正入党动机。共产党员的党性不是天生的，也不是一入党就能够“天然”地具备的，而是在长期的革命实践中经过不断磨炼而获得的。刘少奇曾指出：“由一个幼稚的革命者，变成一个成熟的、老练的、能够‘运用自如’地掌握革命规律的革命家，要经过一个很长的革命的锻炼和修养的过程，一个长期改造的过程。”[①] 入党的同志仅有入党的愿望是不够的，还必须付诸行动，在实践中不断用切身体验来深化对党的认识，从而进一步端正自己的入党动机。因此，大学生入党积极分子要通过投身党和国家事业的实践活动，加深对共产主义事业和对党的认识，强化正确的入党动机，做到“未进党的门，先做党的人”。

第三，加强主观世界改造，克服不正确的入党动机。端正入党动机的过程，实质就是一个思想认识不断提高的过程。这就要求入党的同志能主动地向党组织靠拢并争取党组织对自己的帮助和教育，加强主观世界的改造，不断提高思想道德素质，逐步树立正确的世界观、人生观和价值观，把共产主义的理想情操和全心全意为人民服务的宗旨内化成自己的信念和行动，坚定理想信念，真正做到思想上先入党。

第四，清晰认识到端正入党动机不是入党前一时的问题，而是一辈子的事情。组织上入了党，并不意味着思想上入党问题已经完全解决，可以放松

---

① 刘少奇：《论共产党员的修养》，人民出版社，2000，第 3 页。

政治理论学习，可以忽视主观世界改造。如果没有树立好或者未能经常保持正确的入党动机，即使在组织上入了党，也不能算是真正的共产党员。毛泽东同志曾深刻指出：“有许多党员，在组织上入了党，思想上并没有完全入党，甚至完全没有入党。这种思想上没有入党的人，头脑里还装着许多剥削阶级的脏东西，根本不知道什么是无产阶级思想，什么是共产主义，什么是党。”[①] 每个要求入党的同志都应该深入思考，不论组织上是否入党，都应做到首先在思想上真正入党，而且要长期地注意检视自己做党员的动机，时时克服消极思想。

历史学习小故事

北斗导航团队：星河璀璨 逐梦苍穹

遥远的银河深处，闪耀着七颗明亮的星星，其形态像极了古代舀酒的斗形，故名“北斗七星”。斗转星移，时间来到 20 世纪 80 年代，彼时的中国大地已经悄然开始探索一条适合国情发展的卫星导航系统道路。

我国卫星导航系统起步晚，底子薄。1978 年美国已经开始实施 GPS 计划，但对中国来说，研制一套类似 GPS 的定位导航系统还是遥不可及的梦想。1983 年，专家学者们提出“双星定位通信系统”方案。1994 年，北斗一号系统工程立项，组建卫星研制团队的工作全面展开。2003 年，经过艰苦卓绝的技术攻关和重大故障的排除抢修，我国终建成北斗一号系统，成为继美、俄之后第三个拥有自主卫星导航系统的国家。

然而，北斗一代虽然达到了设计指标，但其定位精度仍然远远比不过美国的 GPS 系统，我国开发新一代卫星导航系统北斗二号的工作已经迫在眉睫。根据国际电联规则，各国频率资源都有时限，过期则作废。2007 年 4 月 11 日，临近卫星发射时刻，现场出现突发情况，如若三分钟内不能解决，后果不堪设想。在这千钧一发的时刻，时任发射指挥员一分钟内下了 7 道指令，所有成员屏息凝神、紧密配合，从容不迫地完成各项指令。终于，火箭带着北斗

① 《毛泽东选集》（第三卷），人民出版社，1991，第 875 页。

试验星成功升空。两天后，北京地面接收到了清晰信号，此时距离空间频率失效时间仅剩下不到 4 个小时。正是那一次惊心动魄的壮举，有效地保护了我国卫星导航系统的频率资源，拉开了北斗二号卫星导航系统建设的序幕。

从北斗一号向国内提供服务，北斗二号向亚太地区提供服务，到如今北斗三号开启全球化服务进程；从白手起家到并跑超越，中国北斗人在短短 20 余年里不断刷新卫星导航领域的“中国速度”，实现“惊人飞跃”。

“这是一项团队工程，没有个人英雄，卫星导航事业的成功是一个团队的成功。”北斗三号工程副总设计师、卫星首席总设计师谢军在一次采访中这样说。的确，每一颗北斗卫星背后都有着强大的幕后团队，牵动着卫星、运载火箭、运控、应用、测控、发射场等各大系统，而每个系统中的每位成员几乎都是“有故事的人”。

1995 年初春，正在攻读博士学位的国防科技大学博士生王飞雪、欧钢以及雍少为无意得知北斗一号导航系统建设正面临历经 10 年攻关仍未获突破的瓶颈。年轻的 3 位博士齐心协力，就在仓库做起了实验，经过反复推导论证，终于提出了一个全新的算法。3 年后，算法用实验得到证明。当显示器上脉冲闪耀，信号捕捉成功的一刻，业内 20 多位专家不敢相信自己的眼睛，纷纷起身鼓掌，慨叹连连。

20 年来，新一代北斗人才俊辈出，用他们的青春与智慧全力以赴，力争实现全球组网的北斗梦想。中科院微小卫星创新研究院导航团队就是北斗系统中的一支年轻团队，团队成员平均年龄 31 岁，60% 是“80 后”，23% 是“90 后”。年轻的北斗人不怕苦不怕累，将全部心思都放到了一次次卫星发射中。即便深夜，卫星厂房也常常灯火通明；连周边的居民都知道，“这个单位没有固定下班时间”；劳动部门统计工作量显示，几乎每个科研人员一年工作 400 余天，除去节假日，相当于把一年当作两年用……

而几十年如一日驻扎在北斗系统一线的老北斗人更是将北斗精神融于血液。从事推进剂加注工作 40 余年的白崑顺师傅，双手因燃料浸染如同树皮般干枯，但他常说：“干了一辈子，并不觉得苦，确保成功，是我这辈子最大的意义。”作为导航团队的老员工，鲍恩竹一直从事着总体电路工作，没有成果，没有改变，如同卫星电路的“铺路工”，一干就是 20 年，可在她看来，“为导航事业奋斗一生，那种感觉相当光荣”。

“自主创新，团结协作，攻坚克难，追求卓越”这是中国北斗人的精神信仰；为全球用户提供更精确、更完美的中国精度，使中国的北斗成为世界的北斗，这是中国北斗人的初心使命。如今，在浩瀚星空中，几十颗中国“星星”不断闪烁，不仅指明了导航方向，更彰显了大国力量。

（摘编自周远主编《集体主义》，西安交通大学出版社，2020，第115–119页）

第二节

自觉接受党组织的培养、教育和考察

追求政治进步，既需要个人的主观努力，也需要接受党组织的教育、培养和帮助。作为入党积极分子，要自觉接受组织的培养、教育和考察。

一、主动向党组织汇报

入党积极分子向党组织汇报自己的情况，是积极分子培养严格的组织观念的重要方法和途径，有利于党组织加深对积极分子的了解，有针对性地对积极分子进行帮助和教育，使入党积极分子更快地成长进步。入党积极分子应每隔一段时间主动地向党组织汇报思想，可以通过口头或书面的形式进行。主要汇报一段时间以来自己对党的认识的变化和学习、工作中的收获及存在的问题，汇报自己要求进步的决心和信心等，以便党组织真实地了解自己的思想状况、入党动机，并及时有效地得到党组织和党员同志的帮助。向党组织汇报要忠诚老实，有什么就说什么，要敢于谈出自己的缺点，不要担心把真实思想亮出来会影响党组织对自己的看法。一个同志敢于说实话，勇于亮出自己的缺点和毛病，这正好说明他胸怀坦荡、追求真理，是有觉悟的表现。

二、积极参加党的活动

申请入党的同志应该按照组织安排，积极踊跃参加党的活动，接受党内生活的熏陶，进一步增强党性观念、组织观念和为人民服务的意识，坚定共产主义理想和中国特色社会主义信念。申请入党的同志参加哪些党的活动，要由党组织决定，一般来讲，可以参加学党章、听党课、过集体党日、讨论积极分子入党的党员大会、预备党员入党宣誓仪式、先进党支部或优秀党员表彰大会等活动。通过参加党的活动，实际体验党内生活、接受党内生活锻炼、学习党的基本知识和党员优秀品质。每个要求入党的同志，都应按照党组织的安排，积极参加党的活动，从中接受教育，并努力完成党组织交给的工作任务。

三、认真接受党组织的培训

党组织有针对性地采取多种形式定期或不定期开展教育培训，以提升要求入党的同志的思想素质和理论水平。申请入党的同志要认真接受党组织的教育培训，不断规范自己的思想和行为，不断提高自己的政治素质、业务素质和工作能力。每个要求入党的同志，都应严肃地对待和积极参加党组织安排的教育培训，认真学好规定学习内容，注意联系实际弄懂党的性质、纲领、任务、宗旨、纪律以及党员的义务和权利，弄懂党在社会主义初级阶段的基本路线等基本理论观点，解决自己思想上的有关问题，努力做到首先在思想上入党。

四、正确对待党组织的考察

考察是为了维护我们党的先进性和纯洁性，切实保证新党员的质量的重要环节。要求入党的同志要正确对待党组织的考察，自觉地配合党组织的考察。忠诚老实地把本人历史、家庭主要成员和联系密切的主要社会关系向党组织讲清楚；实事求是地把自己了解的情况向党组织讲清楚，提供有关线索积极主动地协助组织调查了解；认真对待党组织给本人指出的缺点，诚心虚心接受党组织的批评帮助。党组织的考察以是否具备了入党条件为准，要做好接受时间考验的准备。

衡量干部是否有理想信念，关键看是否对党忠诚。领导干部要忠诚干净担当，忠诚始终是第一位的。对党忠诚，就要增强“四个意识”、坚定“四个自信”、做到“两个维护”，严守党的政治纪律和政治规矩，始终在政治立场、政治方向、政治原则、政治道路上同党中央保持高度一致。这种一致必须是发自内心、坚定不移的，任何时候任何情况下都要站得稳、靠得住。忠诚和信仰是具体的、实践的。要经常对照党章党规党纪，检视自己的理想信念和思想言行，不断掸去思想上的灰尘，永葆政治本色。

——习近平在2019年春季学期中央党校（国家行政学院）中青年干部培训班开班式上的讲话（2019年3月1日）

历史学习小故事

中国航天之父——钱学森

“我的事业在中国，我的成就在中国，我的归宿在中国”，这是中国“两弹一星”功勋科学家钱学森的爱国情怀。

钱学森的父亲是著名的教育学家钱均夫，年轻时为了“兴教救国”的抱负，曾和鲁迅、蒋百里等人一起东渡日本学习教育学。钱学森是钱均夫的独子，他1911年出生于上海，父亲非常重视他的教育，所以并没有像其他人家一样把他送到私塾学习，而是让他从小接受现代教育。钱学森从小就被誉为神童和天才，而且是全才。

中学毕业时，父子俩一致认为科学才是救国的利器，实业救国才是王道，于是，1929年，钱学森考入了当时最好的工科学校——交通大学。

大学期间，钱学森依旧做到了门门功课90分以上。1934年，钱学森从交通大学毕业，同年考取了清华大学的公费留学生。1935年9月，钱学森进入麻省理工学院航空系学习。

在美国的钱学森，从麻省理工学院再到加州理工学院，一直被认为是天赋异禀的奇才，是世界著名的大科学家冯·卡门最重视的学生。钱学森在28岁时就成为世界知名的空气动力学家，并于1947年开始任麻省理工学院教授。

1949年，当新中国成立的消息辗转传入美国，钱学森、蒋英夫妇激动不已，他们商量着要回到祖国，为祖国母亲效力。然而却遭到美方的重重阻挠。

美方对钱学森采取了一系列的强硬手段，禁止他参加任何机密研究。美方除了在工作上打压他，还冲进家中带走钱学森把他拘留起来，钱学森被折磨得苍白憔悴，嗓子也几近失声，一直到拘留两周后，加州理工学院上交了高达1.5万美金的巨额保释金后，美方才释放了钱学森。然而，出狱后的钱学森，生活还是异常艰难，按照美方的要求，钱学森需要经常到移民局报到，不仅行动受限，连日常生活也受人监视。美方一方面怀疑钱学森是中共地下党，想要将他驱逐出境，另一方面又觉得他掌握了太多核心科技机密，不想让他离境。在这种处境下，钱学森一家备受煎熬，美方虽然没有拘留钱学森一家，但是种种行为却是对他们一家实实在在的软禁，让人觉得屈辱。

事情的转机出现在1955年的一天，钱学森夫妇无意中从报纸上看到父亲的昔日好友、时任全国人大常委会副委员长的陈叔通同志。钱学森灵机一动，想到了向祖国的中央高层领导求助。然而，如何躲过美方的重重监视呢？夫妻俩想到的办法如同电视剧中地下党接头一样精彩。蒋英在信封上模仿孩子的笔迹写字，然后，为了进一步迷惑监视人员，他俩跑到离家较远的一个超市，找机会将信丢入邮筒。这封信先是到达蒋英在比利时的妹妹蒋华手中，然后又被蒋华从比利时寄给国内钱学森的父亲钱均夫。几经辗转以后，这封信终于送到了陈叔通的手上，并立即被送到中南海周恩来总理手中。

经过周恩来总理及中方代表的不懈努力，1955年8月4日，钱学森终于收到了美国移民局允许他回国的通知。1955年10月8日，钱学森一家终于回到了自己魂牵梦绕的祖国，回到了阔别已久的故乡。

回国后的钱学森，将全部的精力投入到工作中，取得了举世瞩目的成绩，为新中国作出了巨大的贡献。他是世界著名的科学家，空气动力学家，中国载人航天奠基人，中国科学院及中国工程院院士，中国“两弹一星功勋奖章”获得者，被誉为“中国航天之父”“中国导弹之父”“中国自动化控制之父”和“火箭之王”。

2009年10月31日，德高望重的钱学森老先生在北京去世，享年98岁。英雄逝去，然精神长存，吾辈当继续努力前行，不负众望！

（摘编自周远主编《爱国主义》，西安交通大学出版社，2020，第84–90页）

第三节
积极努力，争取早日成为一名合格的共产党员

入党积极分子在自觉接受党组织教育培养的同时，自身努力更为关键。要坚守追求，坚持不懈，对照党员标准，从一点一滴的小事做起，踏踏实实，积极努力，争取早日成为一名合格的共产党员。

一、学习科学理论，坚定理想信念

学习，是中国共产党与生俱来的鲜明品质。中国共产党是一个在学习中成长、壮大的政党，学习自觉是其能够始终挺立潮头的重要法宝。新时代守初心、担使命，必须掌握马克思主义理论武器。习近平同志指出：“理论上清醒，政治上才能坚定。坚定的理想信念，必须建立在对马克思主义的深刻理解之上，建立在对历史规律的深刻把握之上。”[①] 坚定的理想信念来源于对真理的不懈追求，来自理论上的清醒与自觉。只有加强对党的科学理论的学习，才能坚定自己的理想信念。

坚定理想信念，坚守共产党人精神追求，始终是共产党人安身立命的根本。对马克思主义的信仰，对社会主义和共产主义的信念，是共产党人的政治灵魂，是共产党人经受任何考验的精神支柱。形象地说，理想信念就是共产党人精神上的“钙”，没有理想信念，理想信念不坚定，

① 《习近平谈治国理政》（第二卷），外文出版社，2017，第 35 页。

精神上就会“缺钙”，就会得“软骨病”。

——习近平在主持中共十八届中央政治局第一次集体学习时的讲话（2012 年 11 月 17 日）

要及时跟进学，坚持用习近平新时代中国特色社会主义思想武装头脑，时刻铭记党的初心和使命，将党的初心和使命作为精神动力，在学习、生活中执行好党的方针政策，坚持不懈地学习党章党规和党的创新理论，转变思想作风，补足“精神之钙”。

理论学习没有捷径可走，要舍得花精力，在学懂弄通做实上下苦功夫。当前，中国特色社会主义进入新时代，面对前进路上存在的诸多风险挑战，要有自觉学习意识，全面系统地学习马克思主义相关理论，深入学习习近平新时代中国特色社会主义思想，从而坚定理想信念，提高自己的政治眼力、理论功力和工作能力，铢积寸累，日就月将，才能水到渠成、融会贯通。

二、练就过硬本领，培育创新思维

新时代中国青年要练就过硬本领。新时代中国青年应珍惜韶华、不负青春，在学习中增长知识、锤炼品格，在工作中增长才干、练就本领，以真才实学服务人民，以创新创造贡献国家。“非学无以广才，非志无以成学”，成长没有捷径，唯有在学习与实践中，学真知、悟真谛，才能增长本领、增长才干，成为可堪大用、能担重任的栋梁之材。

奋斗新时代，青春正当时。我们身处的新时代，是每个人人生出彩的“大舞台”。可以说，时代为青年施展才华、竞展风采提供了广阔舞台，为青年实现人生理想、创造美好生活打开了宽广空间。如今，知识更新不断加快，社会分工日益细化，新技术新模式新业态层出不穷。这也对青年能力素质提出了新的更高要求。绳短不能汲深井，浅水难以负大舟。成就自己的人生理想，担当时代的神圣使命，就必须努力学习掌握科学知识，提高内在素质，锤炼过硬本领，使自己的思维视野、思想观念、认识水平跟上时代发展。

三、积极参加实践，提升综合能力

实践是检验真理的唯一标准，用科学理论武装头脑，必须坚持知行合一。“学如弓弩，才如箭镞。”学习是成长进步的阶梯，实践是提高本领的途径。入党积极分子是否真正做到用科学理论武装头脑，要看是否能用马克思主义观点指导实践，是否能把习近平新时代中国特色社会主义思想贯彻落实到具体工作中。

作为入党积极分子，要把党员条件作为标尺，在学习、工作、生活等各方面积极带头，争当模范，冲在前面，干在前头，不怕吃苦不怕累，不怕吃亏肯奉献，坚持在学中干、在干中学，做到求真务实、知行合一，在实践锻炼中不断锤炼政治思想、不断提升综合素质。

四、牢记根本宗旨，发挥模范作用

中国共产党是以马克思主义为指导思想的无产阶级政党，其本质决定了党的根本宗旨只能是全心全意为人民服务。党的根本宗旨是党的执政体系的理论和现实来源，规定着党的基本路线、大政方针、阶段性任务、党员的权利和义务等，是党的理论根基和现实遵循。

我们党从诞生的那天起，就把为人民服务作为自己全部活动的出发点和归宿，这也是共产党员的最高行为规范。要实践党的宗旨，就要坚持党的基本路线，坚持党的群众路线，坚持对党与对人民负责的一致性。自觉接受人民群众的监督，努力提高为人民服务的本领，真正成为人民的公仆。要把全心全意为人民服务具体体现在学习、工作、生活中，体悟和培养宗旨意识，切实站在群众立场上思考问题、谋划工作，真心诚意为群众办好事、办实事、解难事，做群众的贴心人。

五、志存高远、脚踏实地，扣好人生第一粒扣子

每个时代都有每个时代的精神，每个时代都有每个时代的价值观，人生的扣子从一开始就要扣好。习近平同志在北京大学师生座谈会上的讲话中强调：“青年的价值取向决定了未来整个社会的价值取向，而青年又处在价值观

形成和确立的时期，抓好这一时期的价值观养成十分重要。这就像穿衣服扣扣子一样，如果第一粒扣子扣错了，剩余的扣子都会扣错。”①

在成长的道路上，如果没有扣好第一粒扣子，就有可能迷失方向。社会主义核心价值观中，“富强、民主、文明、和谐”是国家层面的价值要求，“自由、平等、公正、法治”是社会层面的价值要求，“爱国、敬业、诚信、友善”是公民层面的价值要求，既很好地回答了我们要建设什么样的国家、我们要建设什么样的社会，也回答了我们要秉承什么样的价值观的问题。青年要从现在做起，从自己做起，积极践行社会主义核心价值观，在坚定理想信念、练就过硬本领、矢志艰苦奋斗中扣好人生第一粒扣子。自觉遵规守纪，尊法学法守法用法。

中国共产党人精神谱系之红岩精神

刚柔相济、锲而不舍的政治智慧，“出淤泥不染，同流不合污”的政治品格，以诚相待、团结多数的宽广胸怀，善处逆境、宁难不苟的英雄气概

延伸阅读

用红岩精神凝聚新时代干事创业的精神力量

红岩精神同井冈山精神、长征精神、延安精神一样，都是中国共产党人和中华民族的宝贵精神财富。红岩精神的丰富内涵表现为崇高思想境界、坚定理想信念、巨大人格力量、浩然革命正气。在新的历史条件下，全党全社会要大力弘扬红岩精神，使之成为我们在新时代的强大精神力量。

崇高思想境界是中华民族不懈追求的精神支柱。精神支柱，是民族凝聚力的重要支撑，是综合国力的重要组成部分。一个民族、一个国家，没有经济实力是弱小的，没有精神支柱就难以强大。今天，我们要实现中华民族伟

---

①《习近平谈治国理政》，外文出版社，2014，第 172 页。

大复兴，就需要倡导崇高的思想境界，就需要真正树立高尚的精神和共产主义崇高思想，构筑起中华民族的精神长城。

坚定理想信念是新时代中国共产党和中华民族取之不尽、用之不竭的力量源泉，是共产党人战胜一切困难的力量源泉。在国民党统治区复杂险恶的政治环境中，在灯红酒绿、高官厚禄的现实诱惑下，南方局领导下的共产党人通过树立崇高的革命理想信仰，促使自己无论在什么情况下都能永葆坚定信念。今天，我们紧密团结在以习近平同志为核心的党中央周围，建设伟大事业，更应该不忘初心，为“两个一百年”奋斗目标努力前进。

以周恩来同志为代表的南方局工作人员，无论在什么情况下都坚持艰苦创业、自力更生，以巨大的人格力量影响了国统区的各界人士，使他们领略到了共产党的伟大，中国共产党人的魅力，使他们看到了中国的未来和前途，毅然投身抗日民族统一战线和中国人民的解放事业。今天，我们为实现中华民族伟大复兴的中国梦，仍然亟须提倡自力更生、艰苦奋斗、舍身忘己的人格风范，这既是社会主义物质文明建设的要求，也是社会主义政治文明和精神文明建设不可缺少的内容。在全社会、全民族都树立和发扬艰苦奋斗、自强不息的精神，有助于社会主义道德风尚的形成和整个社会风气的好转，有助于实现国家的富强和维护中华民族的根本利益。

浩然革命正气是新时代的迫切需要。南方局同志正是因为始终保持着敢为人先、敢冒风险、敢于牺牲、锲而不舍的浩然革命正气，才在国民党的统治中心重庆站稳了脚跟，取得了对敌斗争的辉煌胜利。红岩精神告诉我们，浩然革命正气是共产党人带领群众夺取革命胜利的法宝。今天，我们进行伟大斗争、建设伟大工程、推进伟大事业、实现伟大梦想，更应该弘扬浩然革命正气。当前，发展每前进一步，问题每解决一个，无不是与斗争相关联。社会需要正气鼓舞，人民需要精神支柱，社会主义政治文明和精神文明建设，需要用浩然革命正气在全社会树立正气，推动党风和社会风气的根本好转。

习近平总书记说：“人无精神则不立，国无精神则不强。精神是一个民族赖以长久生存的灵魂，唯有精神上达到一定的高度，这个民族才能在历史的洪流中屹立不倒、奋勇向前。”在中国共产党领导中国人民走向伟大复兴的新时代，红岩精神越来越绽放出历久弥新的时代光彩。它涵养着富强、民主、文明、和谐的国家理想，表征着自由、平等、公正、法治的社会价值，镜鉴着爱国、敬业、诚信、友善的个人追求，是培育社会主义核心价值观的红色阵地。我们要学习先辈们不忘初心、坚守信仰的崇高理想，对党忠诚、维护大局的宽广胸襟；要学习先辈们热爱人民、勤政为民的百姓情怀，勇于担当、鞠躬尽瘁的崇高精神；要学习先辈们自我革命、永远奋斗的优良作风，严于律己、清正廉洁的高尚情操，加强党员干部的党性修养和政德培育，发挥好红岩精神“红色钙片”的作用。

（摘编自王春山：《用红岩精神凝聚新时代干事创业的精神力量》，《光明日报》2019 年 8 月 13 日第 6 版）

参考文献

［1］习近平．习近平谈治国理政［M］．北京：外文出版社，2014.

［2］习近平．习近平谈治国理政：第二卷［M］．北京：外文出版社，2017.

［3］习近平．习近平谈治国理政：第三卷［M］．北京：外文出版社，2020.

［4］习近平．习近平谈治国理政：第四卷［M］．北京：外文出版社，2022.

［5］中共中央文献编辑委员会．习近平著作选读［M］．北京：人民出版社，2023.

［6］中共中央党史和文献研究院．论坚持党对一切工作的领导［M］．北京：中央文献出版社，2019.

［7］习近平．论中国共产党的历史［M］．北京：中央文献出版社，2021.

［8］习近平．论党的青年工作［M］．北京：中央文献出版社，2022.

［9］中共中央党史和文献研究院，中央学习贯彻习近平新时代中国特色社会主义思想主题教育领导小组办公室．习近平新时代中国特色社会主义思想专题摘编［M］．北京：党建读物出版社，2023.

［10］中共中央宣传部．习近平新时代中国特色社会主义思想学习纲要［M］．北京：学习出版社，2023.

［11］《党的二十大报告辅导读本》编写组．党的二十大报告辅导读本［M］．北京：人民出版社，2022.

［12］《二十大党章修正案学习问答》编写组．二十大党章修正案学习问答［M］．北京：党建读物出版社，2022.

［13］中共中央宣传部．习近平新时代中国特色社会主义思想学习问答［M］．北京：学习出版社，2021.

［14］中共中央宣传部．习近平新时代中国特色社会主义思想三十讲［M］．北京：学习出版社，2018.

［15］中国共产党第十九届中央委员会第六次全体会议文件汇编［M］．北京：人民出版社，2021.

［16］《习近平总书记教育重要论述讲义》编写组．习近平总书记教育重要论述讲义［M］．

北京：高等教育出版社，2020.

[17] 北京市习近平新时代中国特色社会主义思想研究中心 . 习近平新时代中国特色社会主义思想的重大意义 [N] . 人民日报，2019-08-27（8）.

[18] 中共中央党史和文献研究院 . 中国共产党的一百年 [M] . 北京：中共党史出版社，2022.

[19]《中国共产党简史》编写组 . 中国共产党简史 [M] . 北京：人民出版社，2021.

[20] 中共中央组织部组织一局 . 入党教材 [M] . 北京：党建读物出版社，2017.

[21] 发展党员工作手册 [M] . 北京：党建读物出版社，2015.

附　录

常用文书

一、入党申请书、思想汇报、自传、转正申请书的撰写

1. 入党申请书

要求入党的人必须自愿向党组织正式提出书面申请，这是加入党组织的必要手续。入党申请书一般按以下格式和内容书写：

（1）标题。在第一行居中写“入党申请书”。

（2）称呼。一般在第二行顶格写“敬爱的党组织”或“××党支部”，并加冒号。

（3）正文。这是入党申请书的主要部分，一般包括以下内容：①为什么要入党（主要写自己对党的认识、政治信念和入党动机，以及在这些方面思想变化的过程）；②本人的基本情况（主要写自己成长的经历、受过何种奖励和处分，以及思想、工作、学习和作风等方面的情况）；③家庭主要成员和主要社会关系情况（主要写其职业、政治情况、与本人的关系等，此项内容也可附于申请书后）；④怎样积极争取入党（主要写怎样正确对待入党问题，以及怎样以实际行动积极争取入党和接受党组织的考验）。

（4）结尾。正文写完后，一般另起一行，用“请党组织在实践中考验我”或“请党组织看我的实际行动”等作为结束语。结尾也可用“此致敬礼”等词语。

（5）署名和日期。在结尾的右下方要写上申请人的姓名，并注明申请的日期（按公历时间写清年、月、日）。

参考例文

入党申请书

敬爱的党组织：

我怀着十分激动的心情向党组织提出申请，自愿要求加入中国共产党，愿意为共产主义事业奋斗终身。

我衷心地热爱中国共产党，因为她是中国工人阶级的先锋队，同时是中国人民和中华民族的先锋队，是中国特色社会主义事业的领导核心。中国共产党以马克思列宁主义、毛泽东思想、邓小平理论、“三个代表”重要思想、科学发展观和习近平新时代中国特色社会主义思想为行动指南，是用先进理论武装起来的党，是全心全意为人民服务的党，是领导全国人民走向繁荣富强的党。她始终代表中国先进生产力的发展要求，代表中国先进文化的前进方向，代表中国最广大人民的根本利益。党的最高理想和最终目标是实现共产主义。

中国共产党建立和发展的历史，就是为中华民族的独立、解放、繁荣，为中国人民的自由、民主、幸福而不懈奋斗的历史。在新民主主义革命时期，我们党经过北伐战争、土地革命战争、抗日战争、解放战争的艰苦卓绝的斗争，领导中国人民推翻了帝国主义、封建主义、官僚资本主义的反动统治，实现了民族独立和人民解放，建立了人民当家作主的新中国。在社会主义革命和建设时期，我们党领导人民确立了社会主义基本制度，在一穷二白的基础上建立起独立的比较完整的工业体系和国民经济体系，实现了中国历史上最广泛、最深刻的社会变革，使古老的中国以崭新的姿态屹立在世界的东方。在改革开放和社会主义现代化建设时期，我们党领导人民开创了中国特色社会主义道路，坚持以经济建设为中心，坚持四项基本原则，坚持改革开放，建立和完善社会主义市场经济体制，大幅度提高了我国的综合国力和人民生活水平，为加快推进社会主义现代化开辟了广阔前景。历史证明，没有共产党就没有新中国，没有共产党就没有中国特色社会主义；有了共产党，中国的面貌就焕然一新，中国的发展就充满希望。

当前，我们党正带领全国人民为实现中华民族伟大复兴的中国梦而努力奋斗。中国梦反映了近代以来一代又一代中国人的美好夙愿，进一步揭示了中华民族的历史命运和当代中国的发展走向，指明了全党全国各族人民共同的奋斗目标。实现中国梦必须走中国道路。中国特色社会主义道路是党和人民100年来探索、奋斗、创造、积累的根本成就，是改革开放40多年来实践的根本总结，凝结着实现中华民族伟大复兴的光荣梦想。我坚信：经受历史和实践检验、有着光明前景的中国特色社会主义，必将无往而不胜。中国梦是民族的梦，也是每个中国人的梦。只有实现了每个人的梦，才能实现民族的梦、中国梦。我坚信：在中国共产党的领导下，全国各族人民心往一处想，劲往一处使，必将实现中华民族伟大复兴的中国梦。

在党的教育和培养下，我认真学习马克思列宁主义、毛泽东思想、邓小平理论、“三个代表”重要思想、科学发展观和习近平新时代中国特色社会主义思想，加强思想政治修养，真心拥护党的领导，加入党组织的愿望日益强烈。这种政治上的进步与追求进一步转化为学习和工作的不竭动力，让自己为人民服务的素质和能力不断提高，学习上、工作上不断取得新的成绩，得到老师和同学的好评。我深深地认识到，作为新时代的大学生，要想更好地为人民服务，为国家和民族贡献自己的聪明才智，就应该自觉站到党旗下，加入到我们党这样一个伟大、光荣、正确的政治组织中来，积极主动地接受党组织的教育和培养，不断成长、不断进步。

今天，我郑重地向党组织递交入党申请书，是我人生历程中最庄严神圣的一件事，是我在入党前对人生的一次宣誓。但我也知道，自己身上还有许多缺点和不足，比如，对党的认识还不够全面深入，与广大党员相比还有一定差距等，恳请党组织从严要求。如果党组织在严格审查后吸收我入党，我将时刻用党章、用党员标准严格要求自己，自觉接受党组织和同志们的监督，严于律己、勤奋进取，努力做一名合格的共产党员，为党的事业贡献我毕生的精力和热血。如果组织上认为我还不符合一名党员的条件，我也将继续努力，严格要求，克服缺点，弥补不足，争取早日加入党组织。请党组织在实践中考验我！

我的个人履历是……

我的家庭主要成员和主要社会关系的情况是……

此致

敬礼

申请人：×××

××××年××月××日

2. 思想汇报

入党积极分子应当经常向党组织汇报自己的思想，这对入党积极分子来说，是增强组织观念，主动争取党组织的教育帮助的需要。对党组织来说，则是及时了解入党积极分子的思想、工作等情况，加强对他们的培养、教育的需要。

思想汇报一般包括以下内容：

（1）标题。一般直接写“思想汇报”。

（2）称呼。一般写“敬爱的党组织”或“××党支部”。

（3）正文。主要写汇报的内容，一般包括下列几方面：①对党的路线、方针、政策或对党在一个时期的中心任务的认识，包括不理解的问题；②完成某项重要任务后的收获和提高；③参加某项重要活动，或学习了某篇重要文章，或观看了某部影视片后，所受到的教育和内心的感触；④在平时的工作、学习和生活中，遇到的困难和矛盾，以及自己对困难和矛盾的分析；⑤对本单位发生的重大问题、社会上的热点问题、国内外重大事件的认识和态度；⑥其他需要向党组织汇报的问题。

（4）落款。汇报人签名，并按公历时间写清年、月、日。

写思想汇报时应注意以下几点：

（1）一定要实事求是，真实地反映自己的思想。如有思想变化，应写出思想变化的过程。切忌东抄西摘，空话、套话连篇。

（2）不能只写成绩、收获、进步和提高，也要如实反映自己的缺点和不足，以及对某些问题的模糊认识与疑惑，以便得到党组织的教育和帮助。

（3）要突出重点，避免写成流水账。

（4）一定要及时汇报自己最新的思想工作情况。

（5）最后可写上自己对党组织的请求和希望，也可进一步表达自己的入党愿望和决心。

3. 自传

自传，是系统地、全面地介绍自己的历史及思想演变过程的书面材料。它是入党申请人向党组织全面汇报自己情况的一种重要形式，也是党组织全面地了解入党申请人的重要材料。

自传的内容，一般应包括以下几个方面：

（1）个人的基本情况。一般应写明姓名、性别、民族、出生年月、籍贯、入校时间、所学专业、在班级及团支部担任的职务等。

（2）自己的经历。经历一般从读小学或七周岁时写起。每段经历都要写明起止年、月，所在学校，有无担任职务，主要表现（包括优缺点）等。

（3）家庭主要成员及主要社会关系的情况。每个成员都应写明称谓、姓名、政治面貌、单位、职务或职业等。

（4）自己的思想认识。这是自传的主体部分，应尽可能写得具体详细些。

写自传应当注意以下几个问题：

（1）要坚持实事求是。对自己的评价要实事求是，既不夸大也不缩小；如实写自己的思想认识，不说假话。

（2）要忠诚老实。对家庭成员、主要社会关系的情况，要如实写明。

（3）要突出重点。对自己思想演变影响较大的经历和事件要重点写，主次分明，简繁得当，用事实说话，用词朴实。

（4）要总结经验教训。写自传不单单是记录自己的生活经历，而应通过对自己生活经历和思想演变过程的回顾，理清思想，明辨是非，总结经验教训，明确努力方向。

4. 转正申请书

预备党员预备期满，本人应及时向党支部提出书面转正申请。

转正申请书的内容一般应包括以下几个方面：

（1）自己是什么时候被接收为预备党员的，什么时候预备期满，并正式向党组织提出转为正式党员申请的。

（2）自己成为预备党员以来，在思想、工作、学习等方面有哪些成绩和进步（包括在入党时党组织和同志们所指出的缺点在预备期间改正的情况）。

（3）对照党员标准，觉得自己还存在哪些差距。

（4）入党时应向而未向党组织说明的问题，或在预备期间发生的应向党组织说明的问题。

（5）针对自己存在的差距提出今后的努力方向，表明自己的决心及对能否按期转正的态度。

写转正申请书应注意以下几个方面：

（1）转正申请书一般应在预备期即将结束时交给党组织，以便党组织按时讨论自己的转正问题。

（2）要实事求是，紧密联系自己的思想实际，不能为了按期转正而文过饰非，更不能有任何隐瞒和伪造。

（3）转正申请书由本人撰写。

（4）转正申请书的格式参照入党申请书。

参考例文

转正申请书

敬爱的党组织：

××××年××月××日，经支部大会讨论通过，上级党组织批准，我成为一名光荣的中共预备党员。××××年××月××日预备期满，我郑重地向党组织申请转为中共正式党员。现将预备期间的思想、学习、工作情况向党组织汇报如下：

在这一年的预备期里，我们党领导全国人民再接再厉，迎来了党的二十大胜利召开。党的二十大是全党全国各族人民迈上全面建设社会主义现代化国家新征程、向第二个百年奋斗目标进军的关键时刻召开的一次重要的大会，为党和国家事业进一步发展指明了方向。事实证明，中国共产党不愧为伟大、光荣、正确的党，只有她才能带领中国人民夺得一个又一个胜利，取得一个又一个辉煌。这激励着我这名新加入中国共产党的预备党员，时刻以党章规定的党员标准严格要求自己，认真履行党员义务，努力学习党的基本理论和基本知识，注意在社会实践中加强党性锻炼，充分发挥一名共产党员的先锋模范作用。

在学习中，我积极参加理论学习和党内活动，理论水平和党性修养得到进一步提高。我认真学习邓小平理论、“三个代表”重要思想、科学发展观和习近平新时代中国特色社会主义思想，认真学习社会主义核心价值观，不断充实自己、提高自己，特别是深入学习党的二十大精神和新党章后，自己对党的认识更加深刻，对党的崇高理想和建设中国特色社会主义的信念更加坚定。我勤奋学习专业知识，各门功课均取得良好成绩。

在工作中，我积极完成组织交办的各项工作任务，不断提高自己的工作水平。积极承担党组织安排的会议组织、志愿服务、帮扶同学等工作。一年来，我的工作取得了新进步、新成绩，得到老师和同学们的肯定。

在生活上，我严格要求自己，坚持以党员标准规范自己的言行，注意勤俭节约，始终保持艰苦朴素的生活作风，能够自觉摆正组织与个人的关系，注意团结同志，做到不怕吃苦，不计较个人得失，自觉作出表率。

但是我也认识到，我还存在不少缺点和不足，比如工作任务多的时候容易产生急躁情绪，有时工作不够细心等，这些缺点和不足，我今后一定努力克服。

今天，我向党组织递交了转正申请书，如果党组织能批准我的转正申请，我一定牢记入党誓言，努力学习，勤奋工作，处处以共产党员的标准严格要求自己，做一名名副其实的共产党员。如果党组织暂时不批准我的转正申请，那说明我还不完全符合正式党员的标准，我不会气馁，并将认真检讨自己，正确对待党组织的考验，争取早日成为一名中共正式党员。

申请人：×××

××××年××月××日

二、支部讨论接收预备党员会议、预备党员转正会议主持词及支部接收预备党员决议，预备党员转正决议的撰写

1. 支部讨论接收预备党员会议主持词

参考例文

支部讨论接收预备党员会议主持词

（××××年××月××日）

同志们：

现在开会。

根据党支部发展党员工作计划，经上级党委预审同意，今天召开支部大会，讨论发展对象×××等同志入党问题。

本次会议应到正式党员××名、预备党员××名，因事、因病请假×名，实到会正式党员××名、预备党员×名，有表决权的到会人数超过应到会

有表决权人数的半数，符合规定人数，可以开会。

这次会议主要有五项议程：

一是发展对象 ××× 同志汇报有关情况；

二是入党介绍人 ×××、××× 同志介绍 ××× 同志有关情况；

三是支委会报告对 ××× 同志的审查情况；

四是与会党员发表意见，对 ××× 同志能否入党进行充分讨论；

五是无记名投票表决。

下面，进行第一项议程：请 ××× 同志汇报对党的认识、入党动机、本人履历、家庭成员和主要社会关系情况、现实表现，以及需向党组织说明的问题。

…………

（汇报毕）

下面，进行第二项议程：请入党介绍人 ×××、××× 同志介绍 ××× 同志有关情况，并对其能否入党表明意见。

…………

（介绍毕）

下面，进行第三项议程：请党支部书记（或组织委员）××× 同志代表支部委员会报告对 ××× 同志的审查情况。

…………

（报告毕）

下面，进行第四项议程：请与会党员发表意见，对 ××× 同志能否入党进行充分讨论。

…………

（讨论毕）

下面，进行第五项议程：请有表决权的正式党员对 ××× 同志能否入党进行无记名投票表决。

首先，通过监票人、计票人名单。

经支部委员会研究，建议 ×××、××× 同志为监票人，请各位党员审议，有意见的同志，请发表。（稍停）没有意见（或党员发表意见后）。

现在进行表决：

同意的请举手。请放下。

不同意的请举手。没有（或请放下）。

弃权的请举手。没有（或请放下）。

全体通过（或不通过）。

经支部委员会研究，指定 ×××、××× 同志为计票人。

请监票人检查票箱。

请计票人分发表决票。大家拿到表决票后，不要急于填写，请先认真阅读填写说明，等宣布填写表决票后再开始填写。

（待表决票分发完毕）

各位正式党员，有没有没领到表决票的？有没有多领的？有的请举手。

下面，我说明填写表决票的注意事项。

…………

（说明毕）

下面，请大家填写表决票。

（填写毕）

我宣布一下投票顺序：先请监票人、计票人投票，再请其他党员投票。

开始投票。

（投票毕）

请监票人、计票人清点表决票。

（清点毕，监票人报告清点结果）

各位党员，根据监票人的报告，本次大会实到有表决权的正式党员 ×× 名，发出表决票 ×× 张，收回表决票 ×× 张，表决有效。

下面，请监票人、计票人计票。

（计票毕，监票人报告计票结果）

各位党员，根据监票人的报告，本次大会的表决结果为：××× 同志得赞成票 × 张，不赞成票 × 张，弃权票 × 张。

我宣布，经支部大会无记名投票表决，对 ××× 同志的赞成人数超过应到会有表决权的正式党员的半数，同意接收其为预备党员。（或相反情况）

下面，请新党员 ××× 同志表态。

…………

（发言毕）

刚才，××× 同志针对自身存在的不足，明确了努力方向，希望 ××× 同志以此为契机，进一步加强学习，努力工作，争当一名合格的共产党员。

会议到此结束，散会。

2. 支部接收预备党员的决议

支部接受预备党员的决议，应当在支部大会讨论通过发展对象为预备党员后，由支委会根据支部大会讨论的意见，经整理形成后，及时填入发展对象的《中国共产党入党志愿书》。

支部接收预备党员的决议一般包括以下内容：

（1）支部大会对发展对象的基本看法和评价。对其入党动机、思想觉悟、道德品质、工作表现等方面进行全面的评述。对其缺点和不足也应如实写明，不能以“希望”的方式代替。

（2）支部大会讨论的日期和结论性意见。如：“支部大会于 ×××× 年 ×× 月 ×× 日讨论了 ××× 同志的入党问题。大会认为，××× 同志已基本具备党员条件，同意接收为预备党员。”

（3）支部大会出席情况、表决的方式和结果。如：“支部有表决权的党员 ×× 名，应到会 ×× 名，实到会 ×× 名。大会采取无记名投票的方式进行了表决。表决结果：×× 票赞成，×× 票反对，×× 票弃权。”

（4）支部大会对接收的预备党员提出希望和要求。应针对其存在的缺点和不足提出。

参考例文

关于接收 ××× 同志为中共预备党员的决议

××× 同志于 ×××× 年 ×× 月 ×× 日向党组织提出入党申请后，积极向党组织靠拢，经常向党组织汇报思想，自觉用党员标准严格要求自己。该同志能够认真学习党的基本理论、基本路线和基本知识，不断提高自己的政治理论水平和对党的认识；能够刻苦学习专业知识，完成组织交给的各项任务。该同志思想作风正派，为人正直，工作认真负责，能够以身作则，团结和带领同学共同进步。该同志对党的认识正确，入党动机端正，入党信念坚定，有为党的事业奋斗终身的决心。主要缺点：开展批评不够大胆。

支部大会于 ×××× 年 ×× 月 ×× 日讨论了 ××× 同志的入党问题。大会有表决权的党员 ×× 名，应到会 ×× 名，实到会 ×× 名。大会采取无记名投票的方式进行了表决。表决结果：×× 票赞成，×× 票反对，×× 票弃权。大会认为，××× 同志已基本具备了党员条件，同意接收其为中央预备党员。

支部名称：　　　　　　　　　　　　　　　　支部书记签名：×××

×××× 年 ×× 月 ×× 日

3. 支部讨论预备党员转正会议主持词

参考例文

支部讨论预备党员转正会议主持词

（×××× 年 ×× 月 ×× 日）

同志们：

现在开会。

根据党支部发展党员工作计划，经征求党员和群众意见、支部委员会审查同意，今天召开支部大会，讨论预备党员 ××× 等同志的转正问题。

本次会议应到正式党员 ×× 名、预备党员 × 名，因事、因病请假 × 名，实到会正式党员 ×× 名、预备党员 × 名，有表决权的到会人数超过应到会有表决权人数的半数，符合规定人数，可以开会。

这次会议主要有五项议程。

一是预备党员 ××× 同志汇报预备期间的思想、工作情况；

二是党小组介绍 ××× 同志在预备期间的表现情况和小组意见；

三是支部委员会介绍 ××× 同志预备期间的教育考察情况；

四是与会党员发表意见，对 ××× 同志能否转正进行充分讨论；

五是无记名投票表决。

下面，进行第一项议程：请预备党员 ××× 同志汇报预备期间的思想、工作情况。

…………

（汇报毕）

下面，进行第二项议程：请党小组长 ××× 同志介绍 ××× 同志在预备期间的表现情况和党小组对其能否转正的意见。

…………

（介绍毕）

下面，进行第三项议程：请党支部书记（或组织委员）××× 同志代表支部委员会报告 ××× 同志在预备期间的教育考察情况。

…………

（报告毕）

下面，进行第四项议程：请与会党员发表意见，对预备党员 ××× 同志能否转正进行充分讨论。

…………

（讨论毕）

下面，进行第五项议程：请有表决权的正式党员进行无记名投票表决。

首先，通过监票人、计票人名单。

经支部委员会研究，建议 ×××、××× 同志为监票人，请各位党员审议，有意见的同志，请发表。（稍停）没有意见（或党员发表意见后）。

现在进行表决：

同意的请举手。请放下。

不同意的请举手。没有（或请放下）。

弃权的请举手。没有（或请放下）。

通过。

经支部委员会研究，指定 ×××、××× 同志为计票人。

请监票人检查票箱。

请计票人分发表决票。大家拿到表决票后，不要急于填写，请先认真阅读填写说明，等宣布填写表决票后再开始填写。

（待表决票分发完毕）

各位正式党员，有没有没领到表决票的？有没有多领的？有的请举手。

下面，我说明填写表决票的注意事项。

…………

（说明毕）

下面，请大家填写表决票。

（填写毕）

我宣布一下投票顺序：先请监票人、计票人投票，再请其他党员投票。

开始投票。

（投票毕）

请监票人、计票人清点表决票。

（清点毕，监票人报告清点结果）

各位党员，根据监票人的报告，本次大会实到有表决权的正式党员 ×× 名，发出表决票 ×× 张，收回表决票 ×× 张，表决有效。

下面，请监票人、计票人计票。

（计票毕，监票人报告计票结果）

各位党员，根据监票人的报告，本次大会的表决结果为：××× 同志得赞成票 ×× 张，不赞成票 × 张，弃权票 × 张。

我宣布，经支部大会无记名投票表决，对 ××× 同志的赞成人数超过应到会有表决权的正式党员的半数，同意其按期转为中共正式党员。党龄自 ×××× 年 ×× 月 ×× 日算起。（或相反情况）

下面，请党员 ××× 同志表态。

…………

（发言毕）

刚才，××× 同志针对自身存在的不足，明确了努力方向，希望 ××× 同志以此为契机，进一步加强学习，努力工作，充分发挥一名共产党员的先锋模范作用。

会议到此结束，散会。

4. 预备党员转正的决议

预备党员转正的决议应当在支部大会讨论通过预备党员转正后，由支委会根据支部大会的意见，经整理后，及时填入转正党员《中国共产党入党志愿书》相应的栏目内。预备党员转正决议一般包括以下内容：

（1）预备党员在预备期间的主要表现；

（2）支部大会讨论的日期，对预备党员的基本看法和评价；

（3）支部大会讨论的结论性意见；

（4）支部大会出席情况、表决的方式和结果。

参考例文

关于 ××× 同志转为中共正式党员的决议

××× 同志于 ×××× 年 ×× 月 ×× 日被接收为中共预备党员后，在其预备期间，能够按照党员标准严格要求自己，重视政治理论学习，刻苦学习专业知识，成绩突出，发挥了一个共产党员应有的作用。主要缺点：开展批评不够大胆。

支部大会于 ×××× 年 ×× 月 ×× 日讨论了 ××× 同志的转正申请。大会有表决权的党员 ×× 名，应到会 ×× 名，实到会 ×× 名。大会采取无记名投票的方式进行了表决。表决结果：×× 票赞成，× 票反对，× 票弃权。

大会认为，××× 同志已具备中共正式党员的条件，同意其按期转为中共正式党员。

支部名称：　　　　　　　　　　　　支部书记签名：×××

×××× 年 ×× 月 ×× 日

（附录内容摘编自《发展党员工作手册》，党建读物出版社，2015）

后记

编写一本体现大学生特点、适用于大学生入党积极分子的党课教程，对增强大学生入党积极分子教育培养的针对性和实效性，进一步做好发展大学生党员工作具有重要意义。

西安交通大学大学生党委是西安交通大学党委为加强大学生党建工作成立的，是“一站式”学生社区综合管理模式下做好学生党建工作的积极探索和示范样板。西安交通大学大学生党委成立以来，荣膺“全国党建工作标杆院系”殊荣，入选“全国民族团结进步示范单位”，并先后获得中共陕西省委教育工作委员会、西安交通大学党委的多项表彰。

为了编写本教程，西安交通大学大学生党委以西安交通大学马克思主义学院专家、学工干部、辅导员等为主组成编写团队。他们有的精于马克思主义经典研究，有的长于学生思想政治教育工作，绝大多数都有为大学生入党积极分子上党课的经历和积累，不少同志参与指导“坚定理想信念、厚植家国情怀”主题社会实践，并取得良好成绩。

编写团队精心设计大纲，合理安排各章内容。教程在系统阐述有关党的基本知识的基础上，为突出理想信念教育，选编了中国共产党在百年光辉历程中形成的精神谱系作为重要内容，并结合党史、新中国史、改革开放史、社会主义发展史、中华民族发展史学习，摘编了“历史学习小故事”等，既丰富了教程的内容，又增强了教程的可读性，形成本书的鲜明特点。

周远、王欢担任本书主编。第一章、第七章、第八章由孟建芳、佀军燕、商琛编写；第二章由吕茵、王婧、孙丹、包凯编写；第三章由叶倩、姜飒、彭随缘、苏钰濛编写；第四章由李昱静、代成军、胡全龙、邱丞麟编写；第五章由杨艳丽、任欣、韩阳编写；第六章由梁俊凤、马瑞、马勇、吴愿晶编写；第九章由南锋霞、刘丽、陆天舒编写。孙丹、包凯还选编了附录等。编写过程中，编写团队就教程总体框架、各章重点、写作风格等进行了多次研讨，并不断完善，最后集体审定书稿。

西安交通大学马克思主义学院王维国教授、田建军副教授对本书的编写给予了悉心指导。张明明在资料收集等方面做了大量工作。

在本书编写过程中，参阅了大量专家学者的研究成果，在此表示衷心感谢。

编者

2023 年 4 月